Publicado no Brasil por
Girassol Brasil Edições Ltda.
Av. Copacabana, 325, Sala 1301
Alphaville - Barueri - SP - 06472-001
leitor@girassolbrasil.com.br
www.girassolbrasil.com.br

Direção Editorial: Karine Gonçalves Pansa
Coordenação Editorial: Carolina Cespedes
Assistência editorial: Laura Camanho e Leticia Dallacqua
Tradução: Mônica Alves
Edição: Aline Coelho
Diagramação: Patricia Benigno Girotto
Título original: The Big Book of Experiments

Direitos desta edição no Brasil reservados à
Girassol Brasil Edições Ltda.

Impresso no Brasil

Dados Internacionais de Catalogação na Publicação (CIP)
Angélica Ilacqua CRB-8/7057

O grande livro dos experimentos / Valeria Barattini, Mattia Crivellini, Alessandro Gnucci, Francesca Gorini ; tradução de Monica Fleischer Alves ; ilustrado por Rossella Triofentti. – Barueri, SP : Girassol, 2023.
176 p. : il., color.

ISBN 978-65-5530-585-2
Título original: The big book of experiments

1. Literatura infantojuvenil 2. Ciências I. Título II. Alves, Monica Fleischer III. Triofentti, Rossella IV. Barattini, Valeria V. Crivellini, Mattia VI. Gnucci, Alessandro VII. Gorini, Francesca

23-1643 CDD 028.5

Índices para catálogo sistemático:
1. Literatura infantojuvenil

SUMÁRIO

A QUÍMICA DAS COISAS NOJENTAS   8

LUZ E SOMBRAS   50

ILUSÕES DE ÓPTICA   92

ELETRICIDADE E MAGNETISMO   134

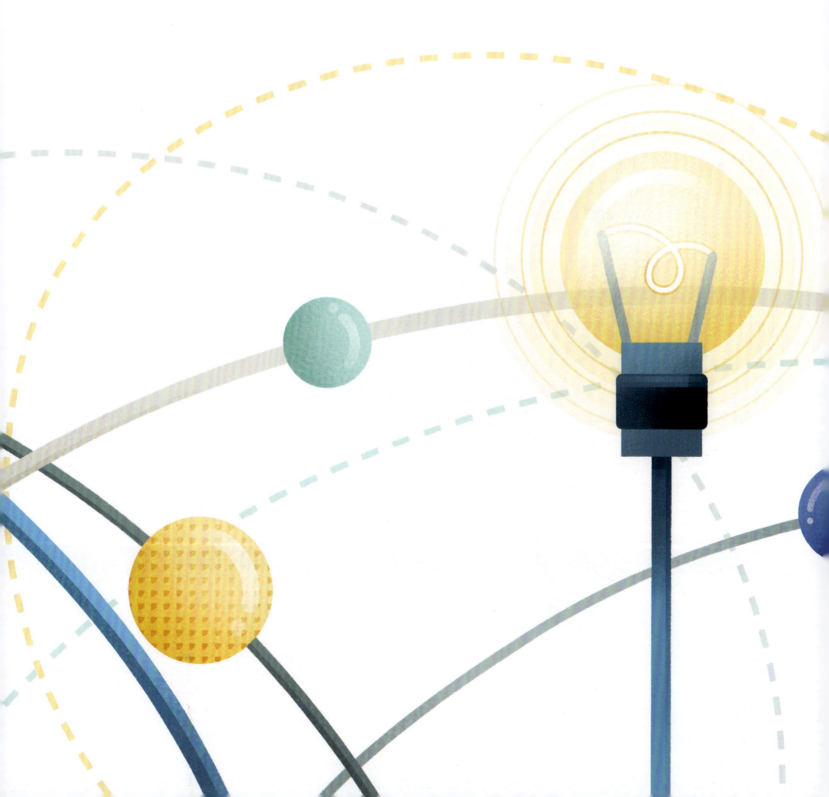

Meu nome é **ELISA**. Sabe do que eu mais gosto? Viajar com o Professor Alberto, comer doces e ver os filmes de *Guerra nas Estrelas*.

Meu nome é **MÔNICA**. Adoro ler e viajar. E sou apaixonada por culinária.

Meu apelido é **BENTO**. Gosto muito de pizza e sou um grande fã de cinema. Dizem que eu sou um menino dinâmico e muito curioso.

O pessoal me chama de **LÉO SKATISTA**. Sou esportista e agitado. Gosto também de histórias em quadrinhos, de fazer truques com cartas e de tocar violão. O Professor Alberto sempre me pede ajuda com seus experimentos divertidos.

O MÉTODO CIENTÍFICO

O **MÉTODO CIENTÍFICO** é o caminho pelo qual a ciência investiga a realidade que nos cerca. É o método mais confiável que conhecemos de adquirir o conhecimento das coisas e do mundo. Foi o cientista **GALILEU GALILEI** quem destacou a importância desse método e lhe deu visibilidade em seus escritos.

Científico não significa "exato"; pelo contrário, quer dizer que algo é reproduzível, isto é, pode ser repetido. Com as mesmas condições iniciais, queremos que o experimento tenha sempre o mesmo resultado. O método científico é **EXPERIMENTAL**, ou seja, baseado em experimentos, testes e observações, e esta é a parte divertida na qual o cientista se torna criativo!

AS PRINCIPAIS ETAPAS DO MÉTODO CIENTÍFICO EXPERIMENTAL SÃO:

1. Observar um fenômeno e fazer perguntas a si mesmo.
2. Formular uma hipótese, isto é, uma possível explicação do fenômeno.
3. Realizar um experimento para checar se a hipótese está correta.
4. Analisar os resultados.
5. Repetir o experimento de várias maneiras.
6. Chegando a uma conclusão, crie uma regra.

UM RECADO!

1. Antes de fazer qualquer experimento, leia atentamente todas as instruções.

2. Não coma ou beba nada enquanto estiver fazendo suas experiências. É uma péssima ideia.

3. Use roupas velhas, pois provavelmente você vai se sujar! Corante alimentício pode manchar a roupa e a pele.

4. Lave as mãos após a realização de cada experimento. Algumas substâncias podem ser prejudiciais à sua saúde.

5. Não jogue *slime* ou qualquer outra substância pegajosa no ralo. Use uma lata de lixo.

Sempre peça ajuda a um adulto para realizar os experimentos com objetos cortantes ou perfurantes.

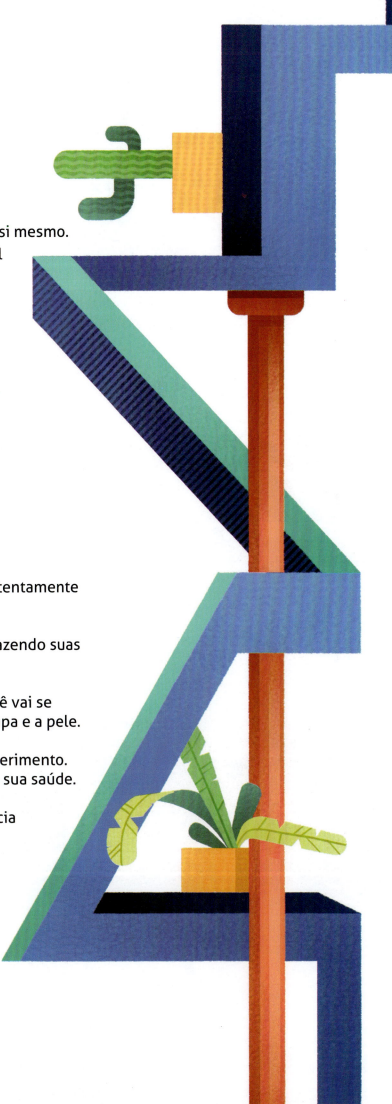

A Química das Coisas Nojentas

SLIME, COLA E CIÊNCIA	10-11
HORA DO *SLIME*!	12-13
UMA INVESTIGAÇÃO DOS FLUIDOS	14
VISCOSIDADE VS. DENSIDADE	15
VISCOSIDADE PARA TODOS	16
CAMADAS DE DENSIDADE	17
FLUIDOS NÃO-NEWTONIANOS	18
SLIME FOFO!	19
EXPOSTO À FERRUGEM	20-21
INOXIDÁVEL COMO O AÇO!	22
VAMOS ENFERRUJAR TODOS ELES!	23
GORDURAS COMO ÓLEO, GORDURAS COMO MANTEIGA	24-25
LIPÍDIOS – O VERDADEIRO SABOR DA VIDA	26
BOLHAS NO COPO	27

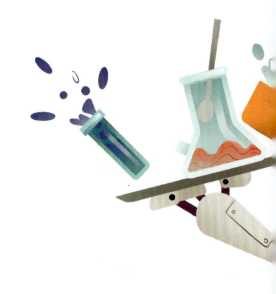

SABÃO – O INIMIGO DA SUJEIRA	28-29
ÓLEO vs. SABÃO	30
UMA PERTURBAÇÃO NA FORÇA	31
UNIDOS CONTRA A SUJEIRA	32
MAIS QUE SALADAS	33
É HORA DA REAÇÃO!	34
DERRAMANDO A COLA	35
LUTA CONTRA O CALCÁRIO	36
GOTA A GOTA	37
OVO DE BORRACHA	38
A ARTE DO CALCÁRIO	39
MOFO, MOFO E MAIS MOFO!	40-41
O MOFO E O PRÊMIO NOBEL	42
O MUNDO DO MOFO	43
LAMA E *SLIME*!	44
DEPÓSITOS!	45
SOB SEUS PÉS	46
SOLO PERMEÁVEL	47
VERMES POR TODA PARTE!	48
CAÇA AOS VERMES	49

SLIME, COLA E CIÊNCIA

HÁ QUANTO TEMPO O *SLIME* EXISTE?

Há mais de 40 anos! Ele apareceu pela primeira vez em meados dos anos 1970. Era verde e vendido em um pequeno pote de plástico em forma de lata de lixo. O *slime* se tornou um sucesso instantâneo e, desde então, tem sido comercializado em diferentes cores, aromas e texturas.

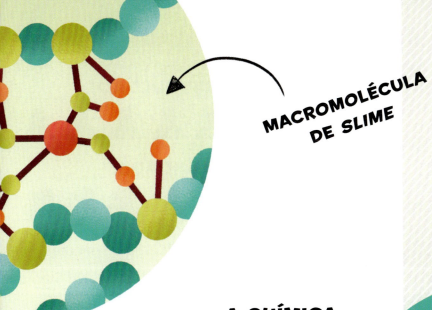

MACROMOLÉCULA DE SLIME

ESTADO LÍQUIDO OU SÓLIDO?

O *slime* não é um fluido normal. Algumas de suas estranhas características deram a ele o status de *fluido não-newtoniano*! Dependendo de como o manipulamos, ele muda de estado.

A QUÍMICA DO *SLIME*

Grudento, úmido, macio e emborrachado. O *slime* é o resultado de uma reação química que o deixa escorregadio.

A cola líquida, principal ingrediente do *slime*, é composta de POLÍMEROS. Essas MOLÉCULAS parecem longas cadeias idênticas e se movimentam livremente umas sobre as outras, deixando a cola líquida.

Ao acrescentar a SOLUÇÃO ativadora à cola e agitar vigorosamente, desencadeia-se uma REAÇÃO QUÍMICA. Formam-se elos entre as cadeias, que se entrelaçam para criar uma rede.

LIVRE

Se deixarmos o *slime* escorrer entre os nossos dedos, sem uma força que o comprima, ele vai deslizar como um líquido...

COMPRIMIDO

...mas, se o manipularmos, esticando-o ou apertando-o, ele vai se comportar como um sólido.

NO CINEMA!

O *slime* fez sua estreia no filme *Os Caça-Fantasmas*, lançado em 1984. Seu nome é Geleia, um fantasma ganancioso e gordinho, que deixa um rastro verde e gelatinoso por onde passa.

A HORA DO SLIME!

DIFICULDADE:

SUJIDADE:

TEMPO: 10-15 minutos + 10-15 min de espera

FAÇA COM:

VOCÊ VAI PRECISAR DE:

- cola transparente e cola branca
- espuma de barbear
- bicarbonato de sódio
- sabão líquido para roupa
- uma tigela
- uma colher

COMO FAZER

1 Em uma tigela, coloque 3 colheres (sopa) de cola transparente e 3 colheres (sopa) de cola branca. Acrescente um punhado de espuma de barbear, corante alimentício, e mexa com a colher.

2 Adicione 1 colher (sopa) de bicarbonato de sódio e 1 colher (sopa) de sabão e continue a misturar vigorosamente.

AGORA, VAMOS MEXER!

PARA FICAR MAIS DIVERTIDO

Você pode colocar glitter para deixar seu *slime* ainda mais brilhante.

EXPERIMENTO BEM-SUCEDIDO!

3 Deixe a mistura descansar por 15 minutos e depois comece a mexer outra vez. Coloque mais 1 colher (sopa) de sabão líquido se ela não engrossar em pouco tempo.

4 Por fim, pegue a mistura com as mãos e amasse.

O QUE ACONTECE

Quando o bicarbonato de sódio e o detergente se juntam, desencadeia-se uma reação que transforma a cola líquida em uma pasta gelatinosa e viscosa. Lembre-se: o tempo de descanso é fundamental. Se não conseguir fazer seu slime na primeira vez, faça outras tentativas. Não desista!

UMA INVESTIGAÇÃO DOS FLUIDOS

O QUE É VISCOSIDADE?

Quando caem, a água e o mel se comportam de forma diferente. A água cai rapidamente porque não é viscosa. Já o mel cai devagar; primeiro, no centro e depois, nas laterais, pois ele é muito viscoso. VISCOSIDADE é a capacidade de um FLUIDO de resistir ao deslizamento, isto é, a tendência de arrastar consigo todas as suas partículas quando ele desliza ao longo de uma **superfície**.

TEMPERATURA E VISCOSIDADE

O calor altera a VISCOSIDADE de uma substância. A viscosidade diminui com o aumento da temperatura. Por exemplo, ao aquecer um pouco de mel em uma panela ou no micro-ondas, você percebe a mudança de textura.
A viscosidade aumenta ou diminui?

O QUE É DENSIDADE?

A DENSIDADE de uma substância é descrita como a relação entre MASSA e VOLUME! A massa indica a quantidade de matéria presente em uma substância, e o volume indica quanto espaço a matéria ocupa.

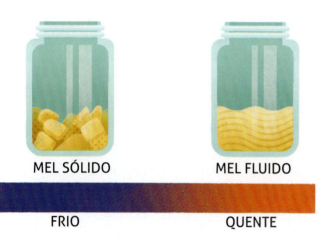

MEL SÓLIDO MEL FLUIDO

FRIO QUENTE

14

VISCOSIDADE vs. DENSIDADE

Os FLUIDOS são divididos em Newtonianos e não-Newtonianos. O nome dessas categorias foi dado em homenagem a **ISAAC NEWTON**, que descobriu uma fórmula que descreve seu comportamento.

VOLUME IGUAL / MASSA DIFERENTE

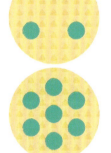

A DENSIDADE também depende da temperatura. Enquanto a MASSA não varia com a temperatura, o VOLUME varia. Isso significa que, à medida que a temperatura aumenta, o material pode expandir (aumentar de volume), tornando-se menos denso, ou pode se contrair (diminuir de volume), tornando-se mais denso.

A ÁGUA É UMA EXCEÇÃO!

Quando a temperatura diminui e a água se torna gelo, ela diminui em DENSIDADE e aumenta em VOLUME, e vice-versa. É por isso que o gelo é menos denso que a água e flutua nela.

MASSA IGUAL / VOLUME DIFERENTE

A DENSIDADE NEM SEMPRE É MAIS VISCOSA

DENSIDADE e VISCOSIDADE nem sempre estão relacionadas: o óleo, por exemplo, pode ser menos denso que a água, mas é muito mais viscoso.

15

VISCOSIDADE PARA TODOS

DIFICULDADE: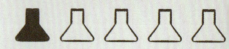

SUJIDADE: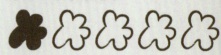

TEMPO: 5 minutos

FAÇA COM:

VOCÊ VAI PRECISAR DE:
- 1 copo de água
- 1 copo de mel líquido
- 2 colheres de chá
- cronômetro

COMO FAZER

1 Coloque uma colher no copo de água.

2 Encha a colher com o máximo de água possível e erga-a sobre o copo.

3 Incline levemente a colher e deixe toda a água cair de volta no copo.

4 Usando o cronômetro, observe quantos segundos leva para esvaziar a colher completamente.

5 Faça o mesmo experimento com o mel.

O QUE ACONTECE

Você está observando um efeito direto da VISCOSIDADE. Por ser mais viscoso, o mel demora mais para cair da colher.

É A SUA VEZ DE TENTAR!

Procure outros tipos de líquidos na sua casa e veja se eles se comportam mais como água ou como mel.

CAMADAS DE DENSIDADE

DIFICULDADE:

SUJIDADE:

TEMPO: 10-15 minutos

FAÇA COM:

VOCÊ VAI PRECISAR DE:
- 1 pote de vidro (como um pote de molho de tomate)
- mel
- água
- corante alimentício (sugerimos azul)
- detergente
- óleo ou azeite (à sua escolha)
- álcool 70° (aquele usado para limpar e desinfetar)
- 1 tampa ou algo para fechar o pote

COMO FAZER

1 Dissolva algumas gotas de corante alimentício na água.

2 Despeje os seguintes líquidos bem lentamente, de modo a criar uma camada de 2,5 cm de cada um: mel, detergente, água colorida, óleo, álcool.

3 Feche o pote com a tampa para que você possa guardá-lo por mais tempo.

ATENÇÃO!

*Despeje os dois primeiros líquidos (mel e detergente) **no centro do pote, tomando cuidado para que não toquem nas paredes**. Para os líquidos restantes (água colorida, óleo e álcool), **incline o pote e despeje-os, um de cada vez, contra as paredes**. Tome cuidado para não agitar o pote ou virá-lo de cabeça para baixo, para evitar que os vários líquidos se misturem.*

O QUE ACONTECE

Os líquidos são dispostos um sobre o outro de acordo com sua DENSIDADE. Os líquidos ou substâncias de maior densidade afundam quando imersos em FLUIDOS de menor DENSIDADE e vice-versa.

FLUIDOS NÃO--NEWTONIANOS

Além do *slime*, há outros exemplos de FLUIDOS NÃO-NEWTONIANOS facilmente encontrados no nosso dia a dia. Entre eles, o ketchup, o sangue, a tinta e a pasta de dente. Mas existem outros mais perigosos e mais difíceis de se encontrar, como a areia movediça!

DIFICULDADE:

SUJIDADE:

TEMPO: 5-10 minutos

FAÇA COM:

VOCÊ VAI PRECISAR DE:
- amido de milho (ou fécula de batata)
- água
- tigela
- copo
- corante alimentício (se desejar)

O QUE ACONTECE

Toque rapidamente a substância, usando um dedo ou uma colher. O que acontece? E se, em vez disso, você tocar a substância lentamente?

Se tocar a substância rapidamente, você vai perceber que fica mais dura, ao passo que, se tocar de leve, ela se comportará mais como um líquido.

COMO FAZER

1. Despeje 2 copos de amido na tigela.

2. Lentamente, despeje 2 copos de água, mexendo tudo até obter uma mistura espessa.

3. Encontre sua consistência favorita e acrescente um pouco mais de água ou amido, se necessário.

SLIME FOFO!

DIFICULDADE:

SUJIDADE:

TEMPO: 10-15 minutos

FAÇA COM:

COMO FAZER

VOCÊ VAI PRECISAR DE:
- balança de cozinha
- 3 g de bórax
- água
- 20 g de cola transparente
- 20 g de espuma de barbear
- 10 g de detergente
- corante alimentício

1 Em uma panela, aqueça 80 ml de água e, em seguida, acrescente 3 g de bórax. Misture bem: seu ativador está pronto!

2 Despeje a cola transparente, a espuma de barbear e o detergente em uma tigela. Misture bem e acrescente o corante alimentício na cor que você escolher.

3 Quando a mistura ficar homogênea, junte 3 colheres (chá) do ativador e mexa por alguns minutos.

4 Em pouco tempo, a mistura vai ficar cada vez mais fibrosa. Quando parar de ficar pegajosa, pegue-a nas mãos e comece a amassar como se estivesse fazendo uma bola. Continue por mais alguns minutos, até que seu slime atinja a consistência desejada.

O QUE ACONTECE

O bórax que você usou como ativador se encaixa entre as cadeias de filamentos da cola para formar a rede gelatinosa, típica do slime.

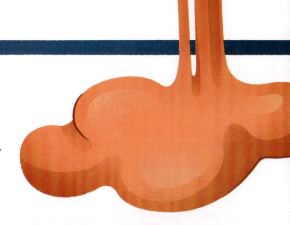

EXPOSTO À FERRUGEM

POR QUE A FERRUGEM SE FORMA?

Vermelha e rugosa, a ferrugem se forma e corrói objetos de ferro quando eles ficam expostos ao ar e à umidade por muito tempo. Mas como ela é formada?

A **ferrugem** é o produto de uma REAÇÃO QUÍMICA chamada **OXIDAÇÃO**.

O ferro reage com o oxigênio do ar e da água, na forma de umidade ou chuva. Com a ajuda do dióxido de carbono na atmosfera, o ferro se transforma em uma substância rugosa e escamosa. Então se desprende, revelando a parte que está por baixo, que permanece continuamente exposta ao processo até ser consumida por completo. **ISSO É A FERRUGEM!**

ESCALA DE OXIDAÇÃO

Nem todos os materiais têm a mesma tendência a se oxidar. Os químicos definiram uma escala para comparar essa característica.

> FERRO

> ALUMÍNIO

> ZINCO

> CROMO

COMO SE PROTEGER CONTRA A FERRUGEM

Os sistemas de proteção contra a ferrugem mais comuns são a galvanização e a cromação. Eles permitem que o material seja revestido com uma camada de zinco ou cromo, deixando intacta a parte que está por baixo. É assim que protegemos carros, motos e bicicletas!

O químico inglês **SIR HUMPHRY DAVY** foi quem descobriu como proteger o ferro

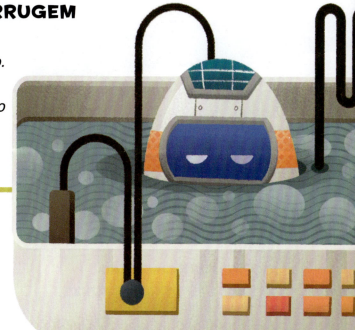

21

INOXIDÁVEL COMO O AÇO!

Entre os vários metais que nos cercam, alguns são extremamente potentes contra a ferrugem!

O **aço inoxidável** contém uma pequena quantidade de cromo, o que o deixa inoxidável, isto é, mais resistente à OXIDAÇÃO e à corrosão, os fenômenos que causam a ferrugem. Reagindo com o oxigênio, o cromo é capaz de se revestir com uma camada esbranquiçada que protege o metal interno da ação corrosiva dos agentes externos.

O aço é uma LIGA DE METAL, composta principalmente de ferro e uma pequena porcentagem (2%) de carbono.

TIPOS DE LIGAS

Liga é uma mistura de dois ou mais elementos, sendo o metal um deles.

FERRO + CARBONO = AÇO
FERRO + CARBONO + CROMO = AÇO INOXIDÁVEL
COBRE + ZINCO = LATÃO
COBRE + ESTANHO = BRONZE

O novo material obtido tem propriedades metálicas diferentes daquelas dos componentes individuais. O aço, por exemplo, é mais resistente que o ferro; o latão é mais duro do que o cobre e mais brilhante do que o zinco.

VAMOS ENFERRUJAR TODOS ELES!

VOCÊ VAI PRECISAR DE:
- 4 copos
- água
- 1 colher (chá) de sal
- óleo
- vinagre
- 4 pregos ou 4 peças de ferro (Cuidado! Não use material galvanizado.)

COMO FAZER

1 Encha os quatro copos: o primeiro, com água; o segundo, com água e sal; o terceiro, com vinagre e o quarto, com óleo.

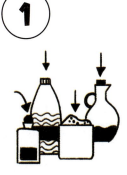

DIFICULDADE: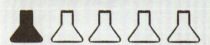

SUJIDADE:

TEMPO 5 minutos + 3-4 dias

FAÇA COM:

2 Coloque um prego ou uma peça de ferro em cada copo.

3 Observe os copos todo dia e veja o que acontece. Qual dos pregos enferrujou primeiro? O que acontece depois de 2 dias? E depois de 4 dias?

O QUE ACONTECE

A ferrugem se forma quando o ferro é exposto ao ar e à água, assim, onde não há água, não há ferrugem. O sal acelera o processo da ferrugem porque ele ajuda a água a agir mais depressa.

GORDURAS COMO ÓLEO, GORDURAS COMO MANTEIGA

ÁCIDO GRAXO SATURADO

O QUE SÃO GRAXA E GORDURA?
É isso mesmo! Na nossa cozinha não existem só guloseimas e pratos saborosos. Acredite, ela esconde coisas muito nojentas!

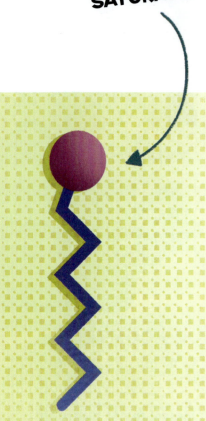

A gordura que encontramos na cozinha é composta principalmente de óleos e gorduras, que contêm MOLÉCULAS chamadas ÁCIDOS GRAXOS. Eles são formados por uma longa cadeia de ÁTOMOS DE CARBONO, unidos por dois tipos de ligações.

As ligações simples geram cadeias retas, típicas dos ÁCIDOS GRAXOS SATURADOS. Por outro lado, as ligações duplas produzem cadeias tortuosas, típicas dos ÁCIDOS GRAXOS INSATURADOS.

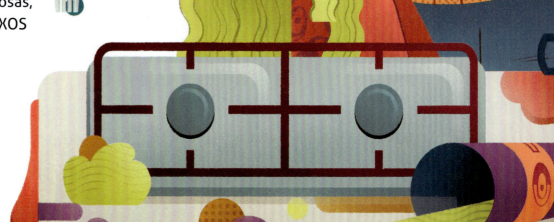

São essas ligações que determinam as diferentes características da gordura! Por exemplo, quanto maior o número de ligações duplas, menor a temperatura na qual a gordura derrete.

ÁCIDO GRAXO INSATURADO

TUDO É GORDURA!

POR QUE A MANTEIGA É SÓLIDA E O ÓLEO É LÍQUIDO?

No mundo animal predominam os ÁCIDOS GRAXOS SATURADOS – como a manteiga e a banha – mas, no mundo vegetal, os ÁCIDOS GRAXOS INSATURADOS – como o óleo de oliva e o óleo de amêndoa – são predominantes.

Gorduras – sem ligações duplas – são sólidas à temperatura ambiente, enquanto os óleos – ricos em ligações duplas – são líquidos à temperatura ambiente.

LIPÍDIOS – O VERDADEIRO SABOR DA VIDA

Gorduras e óleos são parte de uma grande família que os químicos chamam de LIPÍDIOS. Carne, peixe e ovos contêm gordura porque todos eles são derivados de animais que, como nós, usam os LIPÍDIOS para suas funções vitais. Os animais usam as gorduras como reserva de energia, na manutenção da temperatura corporal e na fabricação de estruturas celulares.

SIMILAR DISSOLVE SIMILAR!

Os lipídios não são solúveis, isto é, não se dissolvem bem em água. Entretanto, eles se dissolvem em outras substâncias semelhantes a eles, como acetona, álcoois e hidrocarbonetos (gasolina). É por isso que temos que usar produtos específicos para remover os lipídios de louças, panelas e roupas!

As ceras também são lipídios. Elas constituem a fina camada que cobre folhas e frutos de algumas plantas para limitar a dispersão da água e como proteção contra pragas. As ceras fazem parte do esqueleto de muitos insetos e cobrem as penas das aves aquáticas.

BOLHAS NO COPO

DIFICULDADE: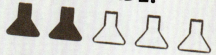

SUJIDADE:

TEMPO: 5-10 minutos

FAÇA COM:

VOCÊ VAI PRECISAR DE:

- 1 copo
- água
- óleo
- corante alimentício
- 1 colher de chá
- 1 comprimido efervescente

COMO FAZER

1 Encha 1/3 do copo com água.

2 Adicione algumas gotas de corante alimentício e mexa bem com a colher.

3 Encha os outros dois terços do copo, despejando o óleo lentamente, tomando o cuidado para não criar bolhas.

4 Espere alguns instantes para que os líquidos se separem bem.

5 Ponha o comprimido efervescente no copo e veja o que acontece.

O QUE ACONTECE

Água e óleo são líquidos imiscíveis, isto é, não se misturam. O comprimido efervescente, ao tocar a água, libera bolhas de gás, que são transportadas para a superfície. Mas, em contato com o ar, as bolhas de gás estouram, e a água, que é mais densa que o óleo, afunda outra vez, e o ciclo então recomeça.

SABÃO – O INIMIGO DA SUJEIRA

O maior inimigo da galáxia da sujeira é o sabão. Ele é o produto de uma REAÇÃO QUÍMICA chamada SAPONIFICAÇÃO.

O SABÃO TEM DUAS GRANDES FORÇAS!

As MOLÉCULAS que compõem o sabão têm dupla natureza:

• uma **cabeça hidrofílica**, que se liga bem à água;
• uma **cauda hidrofóbica**, que repele a água e atrai gordura e substâncias oleosas.

Quando encontram a sujeira, as MOLÉCULAS do sabão se arranjam de forma circular, com as caudas viradas para dentro – em contato com a sujeira – e as cabeças viradas para fora, em contato com a água. Dessa forma, é criada uma pequena esfera chamada MICELA.

LIMPAR OU NÃO LIMPAR. SEM ENXAGUAR.

O segredo do poder de limpeza do sabão está nas MICELAS! Esse arranjo específico permite que o sabão retenha a sujeira.

O sabão é capaz de romper a TENSÃO SUPERFICIAL, isto é, a "membrana" invisível e elástica que se forma na superfície de um líquido. Por isso, o sabão também é chamado de SURFACTANTE.

A ARTE DE ANDAR SOBRE A ÁGUA

Alguns insetos conseguem flutuar e andar sobre a água usando a TENSÃO SUPERFICIAL, ou seja, essa força de coesão entre as MOLÉCULAS.

ÓLEO vs. SABÃO

DIFICULDADE:

SUJIDADE:

TEMPO: 5–10 minutos

FAÇA COM:

VOCÊ VAI PRECISAR DE:
- 1 copo
- água
- óleo
- 1 colher (sopa) de detergente
- 1 colher para misturar

COMO FAZER

1 Coloque água no copo até a metade.

2 Adicione o óleo até atingir ¾ do copo.

3 Misture e veja o que acontece durante alguns minutos.

4 Quando os dois líquidos se separarem, junte uma colher (sopa) cheia de detergente. Aí, misture novamente e observe o resultado.

O QUE ACONTECE

Nós sabemos que água e óleo não se misturam, mas, quando adicionamos detergente, ele retém as gotículas de óleo em suas micelas, permitindo que o óleo se misture com a água.

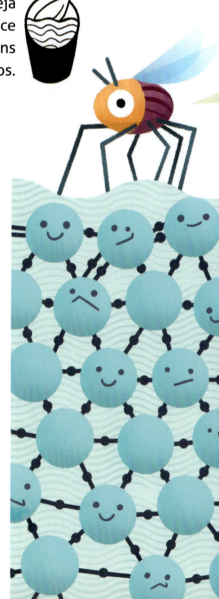

UMA PERTURBAÇÃO NA FORÇA

VOCÊ VAI PRECISAR DE:
- 1 tigela transparente
- água
- pimenta-do-reino moída
- detergente

DIFICULDADE:

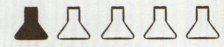

SUJIDADE:

TEMPO: 5–10 minutos

FAÇA COM:

ESTOU CAMINHANDO SOBRE A ÁGUA!

COMO FAZER

1. Encha a tigela transparente com água da torneira.

2. Despeje com cuidado a pimenta-do-reino, espalhando-a por toda a superfície, e veja como ela se acomoda.

3. Coloque uma gota de detergente no centro da tigela e observe atentamente.

O QUE ACONTECE

No começo, a pimenta fica na superfície da água porque é muito leve e não consegue romper a TENSÃO SUPERFICIAL do líquido. O detergente quebra essa "membrana", fazendo com que a pimenta vá para o fundo da tigela.

UNIDOS CONTRA A SUJEIRA

ATENÇÃO, ATENÇÃO!

Ingredientes culinários simples podem revelar muitas surpresas!
O bicarbonato de sódio parece um pó branco fininho.
Ele é uma BASE que é usada de várias maneiras!

① ELE AJUDA NO COMBATE À SUJEIRA

O bicarbonato de sódio deixa o sabão mais eficiente. Isso porque o bicarbonato de sódio é uma BASE, e sua consistência arenosa o torna levemente abrasivo. Mas ele não consegue remover a gordura por conta própria.

② ELE ABSORVE ODORES

Ao contrário de desodorantes ou velas, que disfarçam os odores, o bicarbonato de sódio absorve os odores.

③ ELE TEM PODER DE LIMPEZA

É por isso que ele é usado nas lavanderias e em cremes dentais branqueadores para remover manchas.

④ ELE PRODUZ GÁS

Quando aquecido acima dos 100 °C, o bicarbonato de sódio libera dióxido de carbono, tornando-se um excelente extintor porque ele sufoca o oxigênio de um incêndio.

MAIS QUE SALADAS

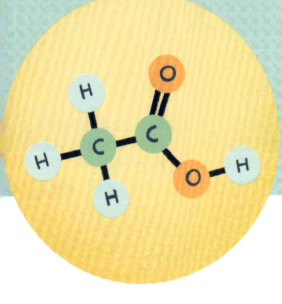

O vinagre, além de ser molho para saladas, tem outros talentos! Ele é um ÁCIDO, e essa característica o torna um bom detergente.

FATO CURIOSO

Se estiver muito concentrado, o vinagre pode corroer alguns materiais, como mármore, pedra e borracha. O vinagre também pode ser muito agressivo em alguns metais, como ferro fundido, alumínio e aço, liberando substâncias irritantes para a pele. A palavra "vinagre" vem do francês antigo *vinaigre*, que significa "vinho azedo".

MISTURAS ESPUMANTES E EFERVESCENTES!

Você já tentou misturar vinagre com bicarbonato de sódio? A mistura libera água e dióxido de carbono, acompanhados por uma incrível espuma efervescente!
No entanto, não é uma reação capaz de combater a sujeira. Se misturamos ácidos e bases, eles se cancelam e não são muito eficazes.

É HORA DA REAÇÃO!

DIFICULDADE:

SUJIDADE:

TEMPO: 10–15 minutos + 4–5 horas

FAÇA COM:

VOCÊ VAI PRECISAR DE:
- 4 copos
- água
- vinagre
- bicarbonato de sódio
- cremor de tártaro
- mel
- colher de chá
- detergente
- uma panela ou chaleira para ferver água

COMO FAZER

1 Coloque 2 colheres (chá) de bicarbonato de sódio em cada copo.

2 Encha o primeiro copo até a metade com vinagre.

3 No segundo copo, coloque 2 colheres (chá) de cremor de tártaro e adicione meio copo de água em temperatura ambiente.

4 No terceiro copo, adicione 2 colheres (chá) de mel e misture bem.

5 Encha o quarto copo até a metade com água fervente.

O QUE ACONTECE

Nem todas as reações entre um ÁCIDO e uma BASE ocorrem na mesma velocidade: algumas se desenvolvem mais rapidamente, outras, só depois.

Copo 1	*Copo 2*	*Copo 3*	*Copo 4*
A reação ocorre rapidamente e o dióxido de carbono que foi liberado desaparece tão depressa quanto.	A reação é mais lenta e o dióxido de carbono é liberado minutos depois.	O mel é muito viscoso e não será capaz de desenvolver dióxido de carbono imediatamente. O processo vai demorar algumas horas.	A reação é instantânea e o óxido de carbono produzido evapora imediatamente.

DERRAMANDO A COLA

COMO FAZER

VOCÊ VAI PRECISAR DE:
- 1 copo de leite
- 4 colheres (sopa) de vinagre branco
- 1 colher (sopa) de bicarbonato de sódio
- água
- 1 panela
- 1 peneira

DIFICULDADE:

SUJIDADE:

TEMPO: 20–30 minutos

FAÇA COM:

1. Aqueça o leite na panela.

2.  Tire do fogo, adicione 4 colheres (sopa) de vinagre branco, mexa e espere 10 minutos.

3. Ponha o líquido na peneira e espere 10 minutos.

4.  Despeje a mistura grumosa na panela.

5.  Acrescente uma colher (sopa) de bicarbonato de sódio e 4-5 colheres (sopa) de água para dissolver tudo.

6. Mexa e aqueça a mistura em fogo médio/baixo até começar a ferver.

7.  Quando a mistura ferver, tire do fogo e deixe esfriar.

8. Você vai obter uma substância líquida levemente viscosa, que pode ser usada como cola.

Não desanime se não der certo da primeira vez! A cola precisa de algumas horas para grudar.

O QUE ACONTECE

O vinagre engrossa o leite e o separa em uma parte líquida e uma sólida. O bicabornato de sódio, em contato com a coalhada ÁCIDA, transforma-a em uma cola pegajosa e pastosa, liberando bolhas de gás.

LUTA CONTRA O CALCÁRIO

O que é aquela mancha esbranquiçada que se forma na superfície de pias, azulejos e eletrodomésticos em contato com a água? **ISSO É O CALCÁRIO**.
O calcário é uma rocha, cujo principal componente é o **carbonato de cálcio**.

Durante seu ciclo, a água entra em contato com algumas rochas, trazendo os minerais nela contidos, como **CARBONATO DE CÁLCIO, MAGNÉSIO** e **BICARBONATOS**. Durante a evaporação, esses minerais são então depositados, formando crostas de calcário.

Dia após dia, gota a gota, o carbonato de cálcio existente na água corrente se acumula, criando grãozinhos que podem entupir e danificar o encanamento. O calcário é dissolvido por ácidos, por isso é que o vinagre é excelente para removê-lo!

GOTA A GOTA

A água tem uma grande capacidade de trabalho! Gota a gota, ela pode formar esculturas fantásticas: estalactites e estalagmites.

Estalactites e **estalagmites** são produzidas pelo gotejamento da água, que deposita minerais o tempo todo. Quando chove, a água é enriquecida com o dióxido de carbono existente na atmosfera, tornando-se assim levemente ÁCIDA. Essa SOLUÇÃO dissolve o carbonato de cálcio contido nas rochas e o transforma em bicarbonato de cálcio. No interior das cavernas, a água evapora, o dióxido de carbono é liberado e o bicarbonato de cálcio se transforma em carbonato de cálcio, que solidifica e forma estalactites.

FATOS CURIOSOS

O nome **ESTALACTITE** deriva da palavra grega *stalaktites*, que significa "gotejamento". Os geólogos chamam de estalactites as estruturas que pendem do teto das cavernas, enquanto as que se elevam do chão das cavernas recebem o nome de estalagmites. Com o tempo (muito tempo!), as duas estruturas crescem até se unir e formar colunas de carbonato de cálcio.

OVO DE BORRACHA

VOCÊ VAI PRECISAR DE:
- 1 copo
- 1 ovo
- vinagre
- 1 panela
- água

COMO FAZER

① Ponha o ovo na panela e despeje água sobre ele.

DIFICULDADE:

SUJIDADE:

TEMPO: 10-15 minutos + 1 dia

FAÇA COM:

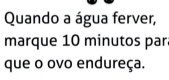

② Quando a água ferver, marque 10 minutos para que o ovo endureça.

③ Deixe esfriar e então coloque o ovo em um copo.

④ Despeje vinagre no copo até que ele cubra totalmente o ovo.

⑤

Deixe o ovo no vinagre durante um dia inteiro.

⑥ Tire o ovo do copo, lave-o e comece a brincar com ele!

O QUE ACONTECE

A acidez do vinagre corrói a casca do ovo, que é feita de carbonato de cálcio, mas a membrana que recobre o ovo fica intacta. Essa membrana é fina, mas muito resistente, tanto que, agora, o ovo emborrachado pode pular sem se quebrar!

A ARTE DO CALCÁRIO

VOCÊ VAI PRECISAR DE:

- 500 ml de água
- 40 g de bicarbonato de sódio
- fio de lã grossa (cerca de 50 cm)
- 2 potes de vidro
- 1 panela
- 1 bandeja

COMO FAZER

DIFICULDADE:

SUJIDADE:

TEMPO: 10-15 minutos + 7-10 dias

FAÇA COM:

1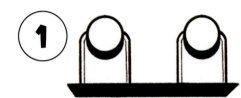
Ponha os dois potes na bandeja a cerca de 15 a 20 cm de distância um do outro.

2
Na panela, ferva os 500 ml de água.

3
Tire do fogo e, aos poucos, despeje o bicarbonato de sódio. Mexa para dissolver bem.

4
Despeje a mistura nos potes e espere esfriar.

5
Dê um nó no centro do fio de lã e alguns nós nas pontas, para criar um pequeno peso.

6
Coloque uma ponta do fio em cada um dos potes e deixe descansar por alguns dias sem tocar nele.

Bolhas e espuma podem se formar, como resultado do dióxido de carbono do bicarbonato de sódio sendo liberado em contato com a água fervente.

NOTA
Formar cristais é difícil, pois o calor, o frio e a umidade afetam o resultado. Não desanime!

O QUE ACONTECE
A água rica em bicarbonato acaba evaporando e o bicarbonato de sódio cristaliza no fio, criando uma pequena estalactite, do mesmo jeito que acontece nas cavernas!

39

MOFO, MOFO E MAIS MOFO!

Se deixar frutas ou um queijo em um recipiente fechado na geladeira ou dentro de um armário, você verá que depois de alguns dias uma mancha esponjosa esbranquiçada ou esverdeada se forma em sua superfície.
VOU APRESENTAR O MOFO A VOCÊ!

O mofo é um micro-organismo pertencente à família dos cogumelos. Essa família tem muitos tipos de **MOFOS**, **LEVEDURAS** e **FUNGOS**.

O mofo aparece como uma **MASSA ESPONJOSA** de cores diferentes (preta, verde, marrom, vermelha, azul, amarela...), dependendo da espécie e das condições ambientais em que se desenvolve. Ele é composto de muitos filamentos (hifas) entrelaçados uns nos outros. Esses filamentos cumprem função de exploração, ancoragem e absorção de nutrientes.

Em condições ambientais desfavoráveis, algumas hifas são capazes de se transformar em esporos. Este é um meio de sobrevivência, pois os esporos estão prontos para voltar à vida assim que encontrarem as condições ambientais adequadas para a reprodução.

UM ESPORO DE MOFO

Os esporos são partículas leves, invisíveis e incrivelmente resistentes que se espalham no ar, levados pelo vento, pela água ou pelos insetos. O mofo se instala nas superfícies e se desenvolve em ambientes fechados e úmidos, como porões e banheiros. Ele é capaz de crescer em alimentos não frescos mantidos em locais não ventilados ou dentro de recipientes e refrigeradores.

Alguns tipos de mofo ou bolor são desagradáveis e podem causar problemas de saúde, enquanto outros são comestíveis como os que encontramos em alguns queijos envelhecidos. Mas há mofos úteis, que podem nos defender contra as bactérias.

O MOFO E O PRÊMIO NOBEL

Parece inacreditável, mas o mofo deu a **ALEXANDER FLEMING**, um físico e biólogo britânico, o Prêmio Nobel de Medicina em 1945.

Em 1928, Fleming estava conduzindo uma pesquisa sobre bactérias cultivadas em recipientes especiais. Ele saiu de férias por alguns dias e, quando voltou, percebeu que um deles tinha sido contaminado por um fungo, e que, naquele lugar, a bactéria se desenvolveu. Fleming desconfiou que o mofo poderia ser a causa da morte das bactérias e, por isso, começou a estudá-lo, obtendo uma substância à qual deu o nome de penicilina.
A PENICILINA É O ANCESTRAL DOS ANTIBIÓTICOS MODERNOS E PERMITIU QUE DERROTÁSSEMOS VÁRIAS DOENÇAS.

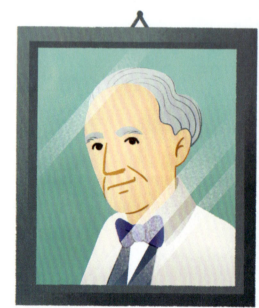

Trinta e cinco anos antes, um médico italiano, o dr. **VINCENZO TIBERIO**, já tinha descoberto os efeitos benéficos desse mofo. Ele notou que, toda vez que limpavam o mofo de um poço próximo a uma casa, os moradores que tomavam aquela água tinham problemas intestinais que só cessavam quando o mofo reaparecia. Tiberio então publicou seus estudos em uma revista científica, mas infelizmente sua descoberta foi ignorada.

42

O MUNDO DO MOFO

DIFICULDADE: 🧪🧪🧪🧪🧪

SUJIDADE: ✱✱✱✱✱

TEMPO: 30-40 minutos + 5-7 dias

FAÇA COM:

VOCÊ VAI PRECISAR DE:
- 1 recipiente plástico transparente com tampa (de cerca de 100 ml)
- ¼ de cubo de caldo de carne ou galinha
- 1 colher (chá) de açúcar
- 1 g de agar-agar
- água
- 1 panela
- 1 haste flexível

COMO FAZER

1 Na panela, dissolva o açúcar e o agar-agar em 200 ml de água. Misture bem.

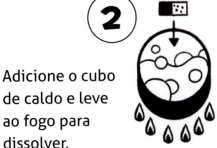

2 Adicione o cubo de caldo e leve ao fogo para dissolver.

3 Coloque a mistura no recipiente plástico e deixe esfriar em temperatura ambiente.

4 Quando o caldo esfriar e solidificar, está pronto o "terreno" para semear os micro-organismos.

5 Passe uma haste flexível pelas paredes e prateleiras da sua geladeira e, em seguida, use-a para desenhar uma letra Z sobre a superfície da mistura já preparada.

6 Tampe o recipiente, fechando-o bem, e deixe descansar por alguns dias.

O QUE ACONTECE
Aquela mistura que você preparou é o terreno ideal para você cultivar todos os tipos de mofo, levedura e bactérias presentes no ar e no ambiente que o cerca.

ATENÇÃO!
Nunca abra o recipiente! Basta observá-lo e depois jogar tudo no lixo!

LAMA E SLIME!

Às vezes, a lama é pegajosa. Ela pode fazer seus pés afundarem no chão em um dia de chuva, mas também pode ser algo cremoso que você espalha e usa como um produto de beleza.

LAMA

A lama é uma mistura de terra, pó e material sólido muito fino disperso em uma pequena quantidade de água. Se essa mistura descansar por algum tempo, as substâncias dispersas se depositam no fundo e formam a lama.

LODO ATIVADO

O lodo ativado é um processo usado para purificar a água suja das águas residuais domésticas. As bactérias existentes no lodo se alimentam da matéria orgânica e as transformam em outras substâncias mais simples, como dióxido de carbono e água. É assim que as bactérias obtêm a energia que utilizam para crescer e se multiplicar.

LAMA TERMAL

A lama termal, que tem muitas propriedades benéficas, é rica em argila, minerais e algas. Ela é usada em forma de uma compressa para que seus nutrientes penetrem na pele, enquanto os resíduos produzidos pelo corpo são absorvidos pela lama.

DEPÓSITOS!

DIFICULDADE:

SUJIDADE:

TEMPO: 10–15 minutos

FAÇA COM:

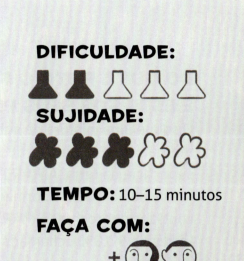

VOCÊ VAI PRECISAR DE:
- cascalho
- argila
- areia
- terra usada em jardinagem
- água
- 1 tigela
- 1 frasco transparente com pelo menos 40 cm de altura

COMO FAZER

1 Encha ¾ do frasco com água.

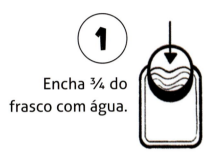

2 Na tigela, misture quantidades diferentes de cascalho, argila, areia e terra (3–4 colheres de sopa) para encher 1–2 copos.

3 Lentamente, despeje a mistura no frasco com água e observe.

O QUE ACONTECE
Você vai ver que as partículas maiores e mais pesadas, como o cascalho, caem no fundo, enquanto a argila fica em suspensão na água e lentamente vai se acomodando para formar a camada mais superficial.

SOB SEUS PÉS

PARTE ORGÂNCIA
PARTE INORGÂNICA
ESPAÇO OCIOSO

DO QUE É FEITO O SOLO QUE EXISTE SOB SEUS PÉS?

O solo é uma mistura de substâncias inorgânicas e orgânicas que cobrem a superfície da terra. A **PARTE INORGÂNICA** (cerca de 45-50%) é formada pelos minerais contidos nas rochas. A **PARTE ORGÂNICA** (cerca de 5-10%), chamada húmus, é composta de folhas, sementes e restos de animais, que deixam o solo muito fértil. Os outros 50% do solo são compostos de **ESPAÇO OCIOSO**, que é preenchido com ar e água, dependendo do tipo de solo e das condições ambientais – temperatura, umidade e chuva – em que se encontra.

PERMEABILIDADE DO SOLO:

A PERMEABILIDADE é a capacidade do solo de deixar a água passar por ele. Quanto mais vazios, ou espaços, tem o solo, mais permeável ele é.

CASCALHO
A água flui facilmente através dele.

AREIA
Permeável. Permite a passagem da água.

ARGILA
Impermeável. Não permite a passagem da água.

MISTO
Cascalho, areia e argila. Mais ou menos férteis e próprias para serem cultivadas.

SOLO PERMEÁVEL

VOCÊ VAI PRECISAR DE:
- 3 garrafas plásticas de 2 litros
- 1 copo de argila
- 1 copo de areia
- 1 copo de terra usada em jardinagem
- água
- gaze
- 3 elásticos
- tesoura

DIFICULDADE:

SUJIDADE:

TEMPO: 15–20 minutos

FAÇA COM:

COMO FAZER

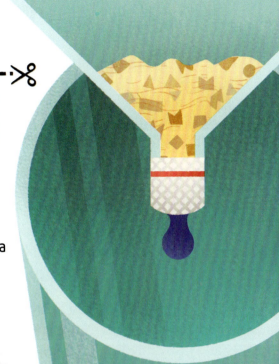

1 Corte a parte superior de cada garrafa para obter um funil, com mais ou menos 1/3 da altura da garrafa inteira. Tire as tampas.

2 Cubra o pescoço de cada garrafa com a mesma quantidade de gaze (três camadas por garrafa é suficiente) e prenda-a com o elástico para criar uma tampa.

3 Coloque um funil dentro da parte superior de cada garrafa.

4  Ponha a areia no funil da garrafa A; argila no da garrafa B; e terra de jardinagem no da garrafa C.

5 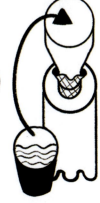 Despeje 1 xícara de água em cada funil, espere 10 minutos e veja o que acontece.

O QUE ACONTECE

Cada funil retém água de uma maneira. A água passa rapidamente pela areia; mais devagar pela terra de jardinagem e ainda mais lentamente através da argila.

VERMES POR TODA PARTE!

É fácil falar "vermes"! Na verdade, nós usamos esse termo para descrever vários animais de corpo fino, comprido e sem pernas, que pertencem a grupos diferentes. Erroneamente, também chamamos de vermes as larvas de outros insetos, como as moscas. Talvez seja por causa da sua aparência, mas nem todo mundo gosta dos vermes.

CADA UM COM SEU PRÓPRIO NOME

De acordo com suas características, os vermes têm nomes diferentes: lombrigas (*nematoides*), vermes chatos (*platelmintos*) e vermes anelados (*anelídeos*). Existe também um verme cujo apelido é "árvore de Natal" (*Spirobranchus giganteus*), devido à sua forma e às cores.

FATO CURIOSO

As minhocas provavelmente são os vermes mais conhecidos, mas você talvez não saiba que elas também são muito úteis! Elas deixam o solo mais fértil, cavando túneis o tempo todo, misturando-o e permitindo que a água e o ar penetrem melhor nas raízes.

CAÇA AOS VERMES

VOCÊ VAI PRECISAR DE:

- 2 g de alginato de sódio
- água
- 2 g de cloreto de cálcio ou sal desumidificador
- 2 copos ou tigelas
- batedeira
- corante alimentício
- colher e/ou seringa sem agulha

Não é uma boa ideia brincar com os vermes no jardim. Aqui está um ótimo experimento no estilo faça você mesmo para criar seus próprios vermes, sem espantar seus amigos ou pertubar as minhocas.

COMO FAZER

DIFICULDADE:

SUJIDADE:

TEMPO: 10–15 minutos

FAÇA COM:

1 Despeje os 2 g de alginato de sódio em 200 ml de água.

2 Adicione o corante alimentício.

3 Misture até que o alginato esteja bem dissolvido.

4 Despeje os 2 g de cloreto de cálcio em 200 ml de água e misture bem até dissolvê-lo.

5 Usando uma colher ou uma seringa sem a agulha, despeje pequenas quantidades da solução de alginato de sódio na solução de cloreto de cálcio e você vai ver alguns vermes gelatinosos se formando.

6 Deixe de molho por alguns minutos e depois escorra seus vermes e brinque com eles.

NOTA

Quanto mais tempo você deixar o alginato em contato com o cloreto de cálcio, mais a solução engrossa, deixando os vermes mais resistentes e saltitantes.

O QUE ACONTECE

O alginato de sódio é feito de algas marinhas. Quando entra em contato com o cloreto de cálcio, o alginato de sódio faz ligações entre as MOLÉCULAS. Essas ligações produzem uma espécie de filme em volta da água, criando vermes pequenos e pegajosos.

Luz e Sombras

LUZ É VIDA!	52
LUZ E SOMBRAS	53
SOMBRAS NA PAREDE	54-55
FANTOCHES DE SOMBRA	56-57
LUMOS!	58-59
LUZ NOS MATERIAIS	60
TESTANDO MATERIAIS	61
REFLEXOS DA LUZ	62-63
GUIE A LUZ	64-65
ESPELHO, ESPELHO MEU	66-67
NO FUNDO DO MAR	68-69
ARENA DE LASER	70-71
REFRAÇÃO	72-73

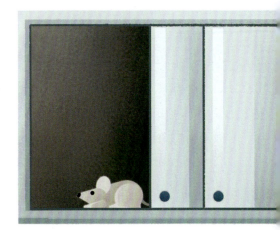
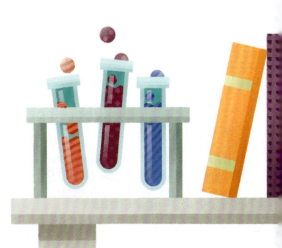

UM COPO E UM LÁPIS 74
GIRANDO AS FLECHAS 75
NEWTON E A LUZ 76
FAÇA UM ARCO-ÍRIS 77
ARCO-ÍRIS NA ÁGUA 78-79
ALÉM DO ESPECTRO VISÍVEL 80-81
ESPECTROSCÓPIO 82-83
CAIXAS QUENTES 84-85
INFRAVERMELHO 86
INFRAVERMELHO E UM TELEFONE CELULAR 87
O CÉU EM UM QUARTO 88
CONSTELAÇÕES INTERIORES 89
FLUORESCÊNCIA 90
CANETA MARCA-TEXTO 91

LUZ É VIDA!

Luz é vida, calor, energia. É graças a ela, por exemplo, que as plantas realizam a fotossíntese para viver e os painéis solares transformam a energia luminosa em eletricidade.

TÃO RÁPIDO QUANTO A LUZ

No vácuo, a luz viaja em linha reta a uma velocidade de cerca de 300.000 km/s!

A luz leva cerca de 8 minutos para viajar do sol à Terra, cobrindo uma distância de 150 milhões de quilômetros.

LUZ E SOMBRAS

Quando um objeto é colocado em frente a uma fonte de luz, cria-se uma **sombra**. Isso acontece porque os raios de luz que encontram o objeto são bloqueados, enquanto aqueles que não o encontram seguem seu caminho em linha reta.

Um objeto iluminado por uma **fonte** de luz **pontual** produz uma **sombra nítida**.

Um objeto iluminado por uma **fonte** de luz **mais ampla** produz uma **sombra difusa**.

VOCÊ SABIA...

No século 3 a.C., Eratóstenes de Cirene calculou a circunferência da Terra, obtendo uma medida muito precisa através de um experimento que utilizou sombras!

SOMBRAS NA PAREDE

DIFICULDADE:

SUJIDADE:

TEMPO: 10–15 minutos

FAÇA COM:

COMO FAZER

1 Corte uma forma qualquer na cartolina usando a tesoura. Pode ser uma forma abstrata ou realista.

VOCÊ VAI PRECISAR DE:
- uma lanterna
- um abajur
- papelão ou cartolina
- um quarto escuro
- tesoura
- um espeto de madeira
- fita adesiva

2 Prenda a figura no papelão com a fita adesiva.

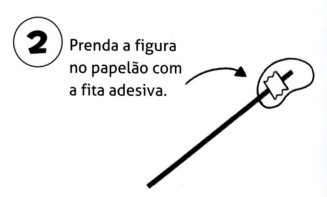

3. Em um quarto escuro, segure a figura de papelão entre a luz da lanterna e uma parede.

4. Movimente a figura para mais perto da lanterna e depois para mais longe. Em seguida, desloque lentamente a lanterna em direções diferentes e observe como a sombra criada muda e se move.

5. Repita o experimento usando o abajur no lugar da lanterna.

O QUE ACONTECE

A lanterna é uma fonte de luz pontual e, por isso, a sombra fica mais nítida. A sombra também muda de acordo com a direção da lanterna. O abajur cria áreas de penumbra e a sombra fica mais desfocada.

FANTOCHES DE SOMBRA

Agora que você já sabe como uma sombra é formada, assim como as melhores condições para criar uma sombra bem definida, experimente criar animais fantásticos usando apenas as suas mãos.

DIFICULDADE:

SUJIDADE:

TEMPO: 20 minutos

FAÇA COM:

VOCÊ VAI PRECISAR DE:
- uma lanterna
- um quarto escuro

COMO FAZER

CACHORRO

ELEFANTE

1 Escolha um dos animais sugeridos nesta ou na próxima página. Depois, ponha suas mãos na mesma posição das que aparecem na ilustração.

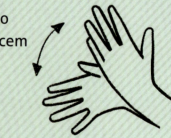

56

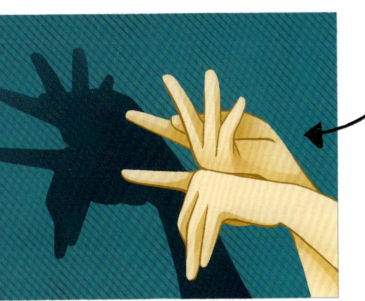

GALO

2 Descubra a melhor distância entre a lanterna e a parede para criar a melhor sombra possível.

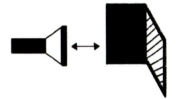

3 Experimente mover a "boca" e as "orelhas" do animal para dar vida a ele. Você também pode tentar fazer a "voz" do animal correspondente para deixá-lo ainda mais realista!

PASSARINHO

O QUE ACONTECE

Descobrindo o ângulo correto das mãos e a distância entre a lanterna e a parede, você pode criar as formas de vários animais diferentes. Continue praticando e divirta-se com seus amigos!

LUMOS!

Nos livros de **HARRY POTTER**, "Lumos" é a palavra mágica para criar a luz quando está escuro. **Lumos Solem** produz luz semelhante à luz solar, enquanto **Lumos Maxima** cria uma luz mais forte do que a da magia básica.

A PONTA DA MINHA CAUDA ILUMINA!

LUMOS!

Na vida real, o **sol** é nossa principal **fonte de luz**, mas existem outras coisas que emitem luz, como velas, lâmpadas ou os vaga-lumes que vemos nas noites quentes de verão.

Todas as coisas que não emitem luz própria são chamadas de **objetos iluminados**. Por exemplo, a lua, que reflete os raios do sol, uma mesa ou uma parede. A maioria das coisas é incapaz de emitir luz.

OBJETOS LUMINOSOS

Todos os objetos são capazes de emitir luz quando levados a uma **temperatura** elevada. Esse fenômeno já foi usado para o **filamento** de uma **lâmpada**, que brilhava quando aquecida pela **eletricidade**.

LUZ NOS MATERIAIS

Quando encontra um obstáculo, a luz muda seu trajeto. Ela pode ser desviada, desacelerada e até bloqueada.

Materiais OPACOS bloqueiam a luz, isto é, não permitem que a luz os atravesse. Madeira, metal, pedra e papelão são alguns exemplos desse tipo de material.

Materiais TRANSPARENTES permitem que a luz os atravesse, deixando ver claramente os objetos que estão atrás deles. Ar, água e vidro são alguns exemplos.

Materiais TRANSLÚCIDOS permitem que apenas parte da luz passe por eles e nos impedem de distinguir claramente os objetos que estão por trás deles. O vidro fosco é um exemplo de material translúcido.

TESTANDO MATERIAIS

DIFICULDADE:

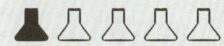

SUJIDADE:

TEMPO: 5–10 minutos

FAÇA COM:

COMO FAZER

VOCÊ VAI PRECISAR DE:
- uma garrafa plástica
- um copo
- uma almofada
- um livro
- papel manteiga
- um espelho de mão
- papel
- um lápis

1 Ponha sua mão dentro ou atrás de cada objeto.

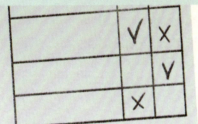

2 Usando o papel e o lápis, anote se você pode ou não ver sua mão.

3 Classifique os objetos como opaco, transparente ou translúcido.

Tente fazer a mesma coisa com outros materiais que você achar na sua casa, e depois anote suas conclusões.

O QUE ACONTECE

Se você puder ver claramente a sua mão, o material é TRANSPARENTE. Se sua mão aparecer borrada e não muito nítida, o material é TRANSLÚCIDO. Se você não conseguir ver nenhuma parte da sua mão, o material é OPACO.

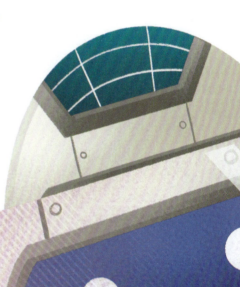

61

REFLEXOS DA LUZ

Quando um raio de luz encontra um obstáculo, podem acontecer duas coisas:

1. Se a superfície for extremamente regular, como a de um lago ou de um espelho, os raios de luz são refletidos de forma ordenada e a imagem é nítida. Esse fenômeno é chamado de REFLEXÃO.

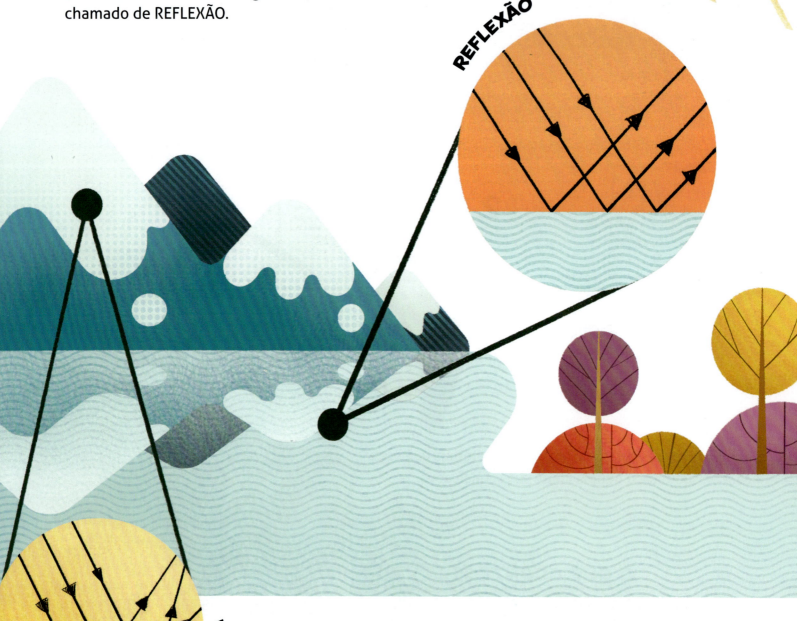

2. Se a superfície for rugosa, como um papelão, uma parede ou uma superfície nevada, os raios de luz refletidos se espalham em todas as direções. Isso é chamado de REFLEXÃO DIFUSA.

62

VOCÊ SABIA...

Os antigos egípcios descobriram que algumas superfícies eram capazes de refletir um feixe de luz e fazê-lo "quicar". Com um engenhoso sistema de lajes bem polidas, usadas como espelhos, eles conseguiam refletir os raios do sol e iluminar o interior das pirâmides.

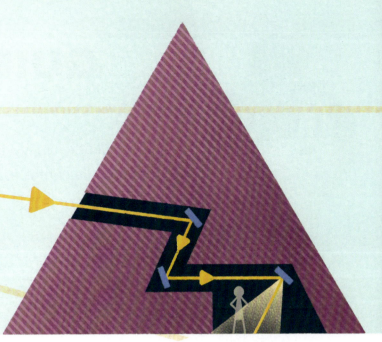

Nem toda luz que atinge um objeto OPACO é refletida ou espalhada. Parte dela é absorvida. Se for de cor clara, o objeto absorve apenas uma pequena parte, ao passo que um objeto escuro absorve quase tudo.

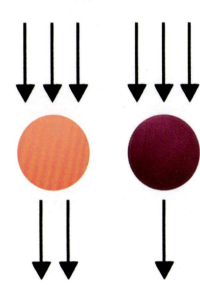

PROTEGIDOS DO SOL

Quando estamos na praia ou na neve, as lentes dos óculos escuros protegem nossos olhos do brilho causado pelas superfícies irregulares de cor clara, que fazem com que a luz se espalhe em todas as direções.

GUIE A LUZ

Atualmente, somos capazes de guiar a luz através de minúsculas fibras e usá-la para diferentes propósitos.

AS FIBRAS ÓPTICAS são fibras muito finas e transparentes (feitas de vidro ou plástico), dentro das quais a luz é refletida em ziguezague nas paredes internas, sem se dispersar para fora da fibra.

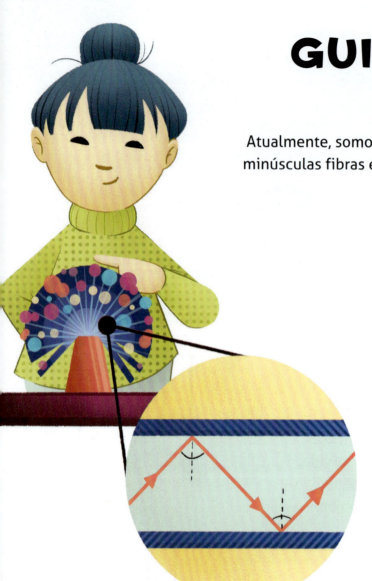

VOCÊ VAI PRECISAR DE:

- uma tigela
- uma garrafa de plástico transparente
- um tubo de plástico fino e transparente
- uma lanterna
- fita adesiva
- massa de modelar
- um pano escuro
- tesoura
- água
- uma tachinha
- um quarto escuro

COMO FAZER

1 Encha ¾ da garrafa com água.

2 Use a tesoura para fazer um furo na tampinha da garrafa.

DIFICULDADE:

SUJIDADE:

TEMPO: 5–10 minutos

FAÇA COM:

3 Coloque a tampinha na garrafa, insira o tubo transparente no furo e sele-o com a massa de modelar.

4 Fixe a lanterna da base da garrafa com a fita adesiva e acenda-a.

5 Envolva a garrafa com o tecido escuro.

6 Coloque a ponta livre do tubo dentro da tigela.

7 Com a luz acesa, posicione a garrafa como mostra a figura e, em seguida, fure o fundo da garrafa com a tachinha. A água começará a sair do tubo.

O QUE ACONTECE

O jato de água que sai do tubo está brilhando! A luz não se curva. Ela é refletida em uma espécie de ziguezague pelo tubo até sair.

ESPELHO, ESPELHO MEU

Quando atinge um espelho, o raio de luz é refletido, isto é, ele quica na superfície como uma bola, permitindo assim que vejamos nosso reflexo.

Se o espelho for completamente plano, o reflexo será do mesmo tamanho do objeto real, embora os lados esquerdo e direito estejam invertidos.

Se o espelho for curvo, o reflexo será deformado, aumentado ou reduzido, reto ou virado de cabeça para baixo, dependendo de onde o objeto estiver.

Na antiguidade, os povos usavam objetos de metal perfeitamente polidos para que as superfícies ficassem superlisas para se olharem. Os espelhos que conhecemos hoje, feitos de vidro e revestidos com uma fina camada de prata no verso, só começaram a aparecer por volta do ano 1300.

VOCÊ VAI PRECISAR DE:
- uma placa de espelho no formato A4
- um carrinho de brinquedo

COMO FAZER

1 Apoie a placa de espelho na horizontal.

2 Coloque o carrinho em frente a ele.

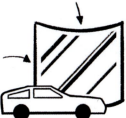

3 Tente virar a prancha, primeiro de um lado e depois do outro.

4 Observe o reflexo do carro.

DIFICULDADE:

SUJIDADE:

TEMPO: 20 minutos

FAÇA COM:

VOCÊ SABIA...

As colheres de metal são um bom exemplo de espelhos côncavos e convexos ao mesmo tempo. Olhe-se nos dois lados da colher e divirta-se, vendo como seu reflexo se deforma.

O QUE ACONTECE...

Quando é inclinada, a placa de espelho funciona como os espelhos côncavos e convexos. Consequentemente, a imagem do carrinho de brinquedo fica levemente deformada.

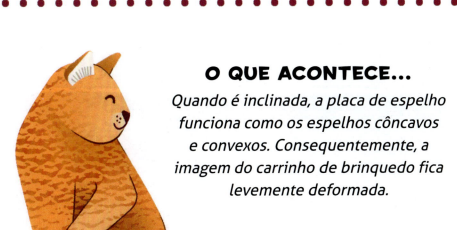

NO FUNDO DO MAR

Como os submarinos veem o que está acontecendo acima do nível da água? Eles usam um periscópio!

O **PERISCÓPIO** é um instrumento óptico que nos permite explorar o ambiente ao nosso redor a partir de um ponto de observação diferente do local onde o objeto está, permanecendo oculto.

FAÇA SEU PRÓPRIO PERISCÓPIO

COMO FAZER

DIFICULDADE:

SUJIDADE:

TEMPO: 20 minutos

FAÇA COM: +

VOCÊ VAI PRECISAR DE:
- uma embalagem de Tetra Pak de fundo quadrado
- estilete
- dois espelhos de bolso do mesmo tamanho
- pistola de cola quente
- um lápis

1 Desenhe dois ângulos de 45° em cada ponta da embalagem de Tetra Pak, como mostra a ilustração.

2 Corte os ângulos com o estilete para criar duas aberturas.

3 Usando a cola quente, cole os dois espelhos nas ranhuras para que, assim, fiquem de frente um para o outro.

4 Aponte o espelho superior do seu periscópio na direção de um objeto que está sobre uma mesa. Esconda-se embaixo da mesa e observe o que você consegue ver no espelho da parte inferior.

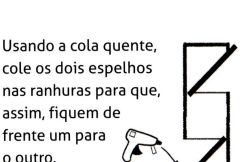

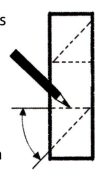

ESPELHO

LUZ

O QUE ACONTECE

O periscópio trabalha graças ao reflexo da luz. Cada espelho em um periscópio reflete a luz em um ângulo de 45°, igual ao ângulo que a luz atinge.

ARENA DE LASER

O laser é um dispositivo que produz um feixe de luz monocromático (de uma cor só). Ele é usado para medições muito precisas e em cirurgias. Vamos construir uma arena de laser para acertar nosso alvo!

VOCÊ VAI PRECISAR DE:

- um ponteiro laser
- alguns espelhos pequenos
- papel cartão ou cartolina
- um lápis
- tesoura
- fita adesiva

DIFICULDADE:

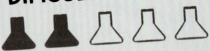

SUJIDADE:

TEMPO: 20 minutos

FAÇA COM:

COMO FAZER

1 Desenhe e recorte um círculo de 5 cm no papel cartão ou cartolina.

2 Cole o ponteiro laser na mesa com a fita adesiva.

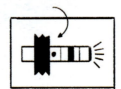

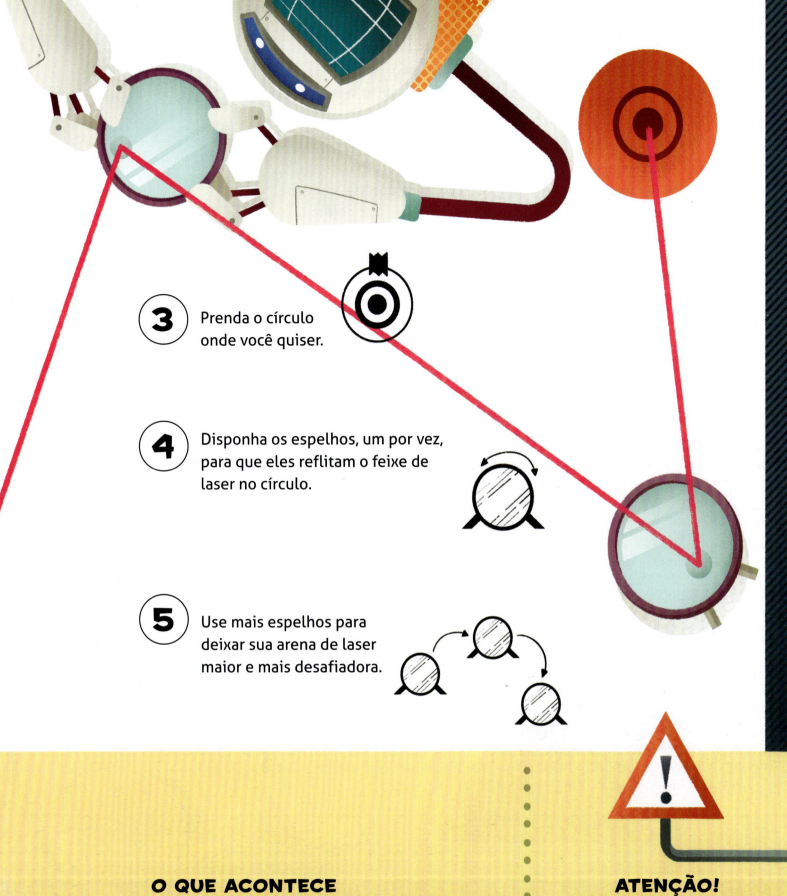

3 Prenda o círculo onde você quiser.

4 Disponha os espelhos, um por vez, para que eles reflitam o feixe de laser no círculo.

5 Use mais espelhos para deixar sua arena de laser maior e mais desafiadora.

O QUE ACONTECE

O laser quica em cada espelho e é refletido até atingir o "alvo". Tente montar sua arena de laser em um espaço cada vez maior.

ATENÇÃO!

Nunca aponte o laser para o rosto de uma pessoa.

71

REFRAÇÃO

Você já quis pegar um objeto debaixo d'água e não conseguiu porque sua mira estava errada? Isso acontece porque a luz que passa pela água muda a maneira como vemos os objetos.

Quando a luz passa por dois meios transparentes com densidades diferentes, como ar e água ou ar e vidro, ela muda de velocidade, o que faz com que mude de direção. Esse fenômeno é chamado de REFRAÇÃO.

NA REALIDADE, ESTOU AQUI!

É UMA MIRAGEM

Um fenômeno especial causado pela REFRAÇÃO da luz é uma **miragem**. Embora o exemplo clássico de miragem seja um oásis com uma lagoa no **deserto**, é mais provável que vejamos uma poça inexistente na **estrada**.

Nos dias quentes de verão, o ar próximo ao solo aquece e se torna muito menos denso do que o ar acima dele. Por isso, ele desvia os raios do sol e ajuda a criar o fenômeno.

MIRAGEM

RAIO INCIDENTE

RAIO REFLETIDO

RAIO REFRATADO

O SEGREDO DOS ÓCULOS

A REFRAÇÃO também é usada nas **lentes dos óculos** e é por isso que podemos corrigir muitos **defeitos da visão**.

UM COPO E UM LÁPIS

VOCÊ VAI PRECISAR DE:
- um copo claro
- água
- um lápis

DIFICULDADE:
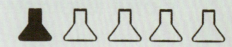

SUJIDADE:

TEMPO: 5 minutos

FAÇA COM:

COMO FAZER

1 Ponha água no copo até a metade.

2 Coloque o lápis na água e veja o que acontece.

O QUE ACONTECE

O lápis aparece quebrado, isto é, a parte por baixo da água parece deslocada em relação à parte de cima. Isso acontece porque a luz é refratada ao passar pelo ar (menos denso) e pela água (mais densa), fazendo com que o lápis pareça estar em um lugar diferente do que ele realmente está.

GIRANDO AS FLECHAS

COMO FAZER

DIFICULDADE:

SUJIDADE:

TEMPO: 5 minutos

FAÇA COM:

VOCÊ VAI PRECISAR DE:
- um pedaço de papel
- um marcador de texto
- um copo alto liso, sem qualquer decoração
- água

1 Desenhe uma flechinha em um pedaço de papel.

2 Ponha o copo na frente do pedaço de papel.

3 Encha o copo com água.

4 Movimente o copo, um pouco por vez, e veja o que acontece com a flechinha.

O QUE ACONTECE

Depois de encher o copo com água, a flechinha parece ter girado porque o copo funciona como uma lente.

75

NEWTON E A LUZ

ISAAC NEWTON descobriu que, quando um raio de luz branca passa através de um prisma de vidro, ele se divide em várias cores.

Este fenômeno é chamado de DISPERSÃO CROMÁTICA.

Portanto, a luz é um conjunto de cores que variam do vermelho ao roxo. Este é o espectro de luz visível.

FAÇA UM ARCO-ÍRIS

DIFICULDADE:

SUJIDADE:

TEMPO: 30 minutos

FAÇA COM:

VOCÊ VAI PRECISAR DE:

- um prisma
- uma lanterna
- um tubo de papelão
- papel alumínio
- tesoura
- um alfinete
- fita adesiva
- cartolina branca

COMO FAZER

1  Cubra uma das extremidades do tubo de papelão com papel alumínio e, em seguida, faça um furo no centro.

2 Ponha o prisma sobre a mesa perto da folha de cartolina branca.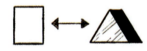

3 Crie um espaço escuro à sua volta e coloque a luz da lanterna dentro do tubo de papelão.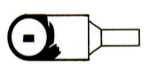

4 Vire o tubo para que os raios de luz atinjam um lado do prisma, terminando na cartolina.

O QUE ACONTECE

Você está observando um fenômeno físico chamado DISPERSÃO CROMÁTICA, que é a divisão da luz em diferentes cores, graças ao prisma.

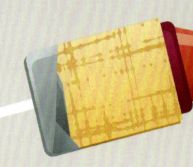

ARCO-ÍRIS NA ÁGUA

Quando a luz do sol encontra uma gota de água, nasce um **ARCO-ÍRIS**. A gota de água funciona como um prisma. Ela refrata os raios de luz, fazendo suas cores se dispersarem em um espectro gigantesco.

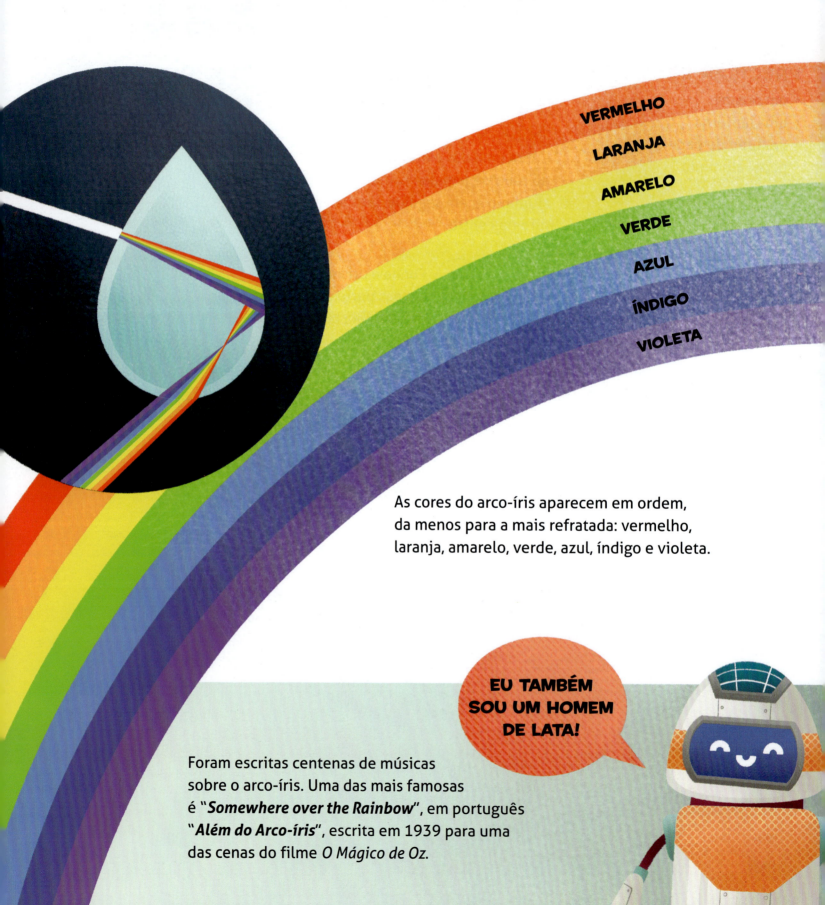

VERMELHO
LARANJA
AMARELO
VERDE
AZUL
ÍNDIGO
VIOLETA

As cores do arco-íris aparecem em ordem, da menos para a mais refratada: vermelho, laranja, amarelo, verde, azul, índigo e violeta.

EU TAMBÉM SOU UM HOMEM DE LATA!

Foram escritas centenas de músicas sobre o arco-íris. Uma das mais famosas é "*Somewhere over the Rainbow*", em português "*Além do Arco-íris*", escrita em 1939 para uma das cenas do filme *O Mágico de Oz*.

COMO FAZER

DIFICULDADE:

SUJIDADE:

TEMPO: 30 minutos

FAÇA COM:

VOCÊ VAI PRECISAR DE:
- uma lanterna
- um prato raso
- água
- cartolina branca
- um espelho

1 Encha o prato com água.

2 Ponha o espelho na água.

3 Aponte a lanterna acesa para o espelho.

4 Intercepte a luz refletida com a cartolina branca e veja o que acontece.

O QUE ACONTECE

Um arco-íris é formado na cartolina. Isso acontece porque a luz branca refletida no espelho é refratada quando passa pela água e as cores que a compõem são desviadas em diferentes ângulos, tornando-se visíveis na cartolina.

ALÉM DO ESPECTRO VISÍVEL

A luz que vemos e conhecemos ocupa apenas uma parte do ESPECTRO ELETROMAGNÉTICO total, ou toda a gama de frequências de **ondas eletromagnéticas**. Essa parte é chamada de **espectro visível**.

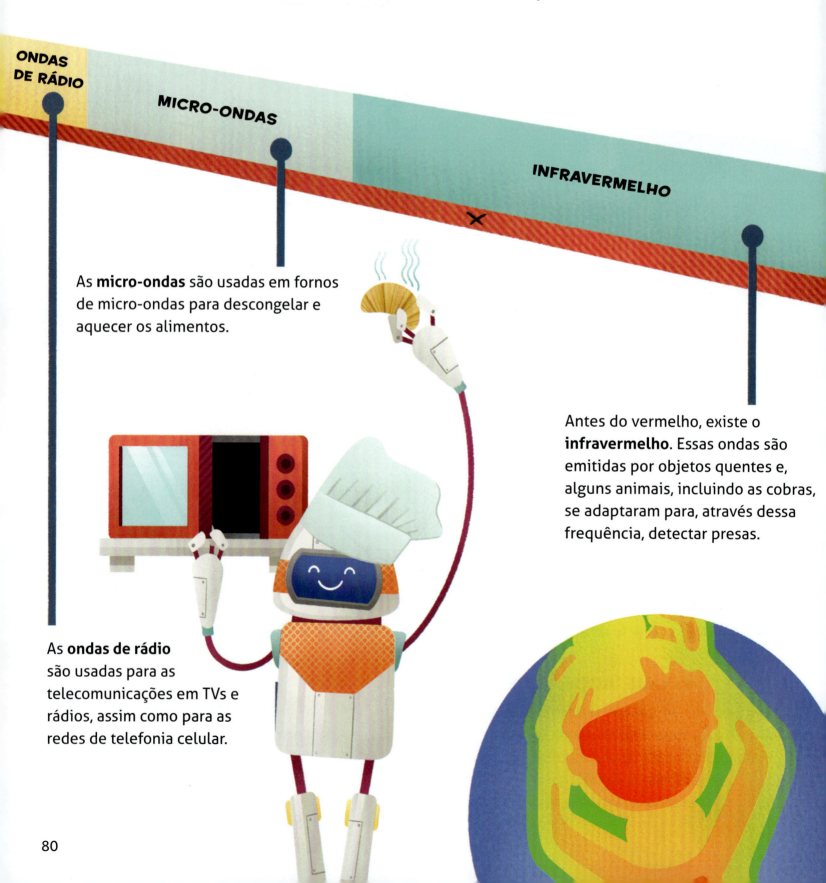

ONDAS DE RÁDIO

MICRO-ONDAS

INFRAVERMELHO

As **micro-ondas** são usadas em fornos de micro-ondas para descongelar e aquecer os alimentos.

Antes do vermelho, existe o **infravermelho**. Essas ondas são emitidas por objetos quentes e, alguns animais, incluindo as cobras, se adaptaram para, através dessa frequência, detectar presas.

As **ondas de rádio** são usadas para as telecomunicações em TVs e rádios, assim como para as redes de telefonia celular.

80

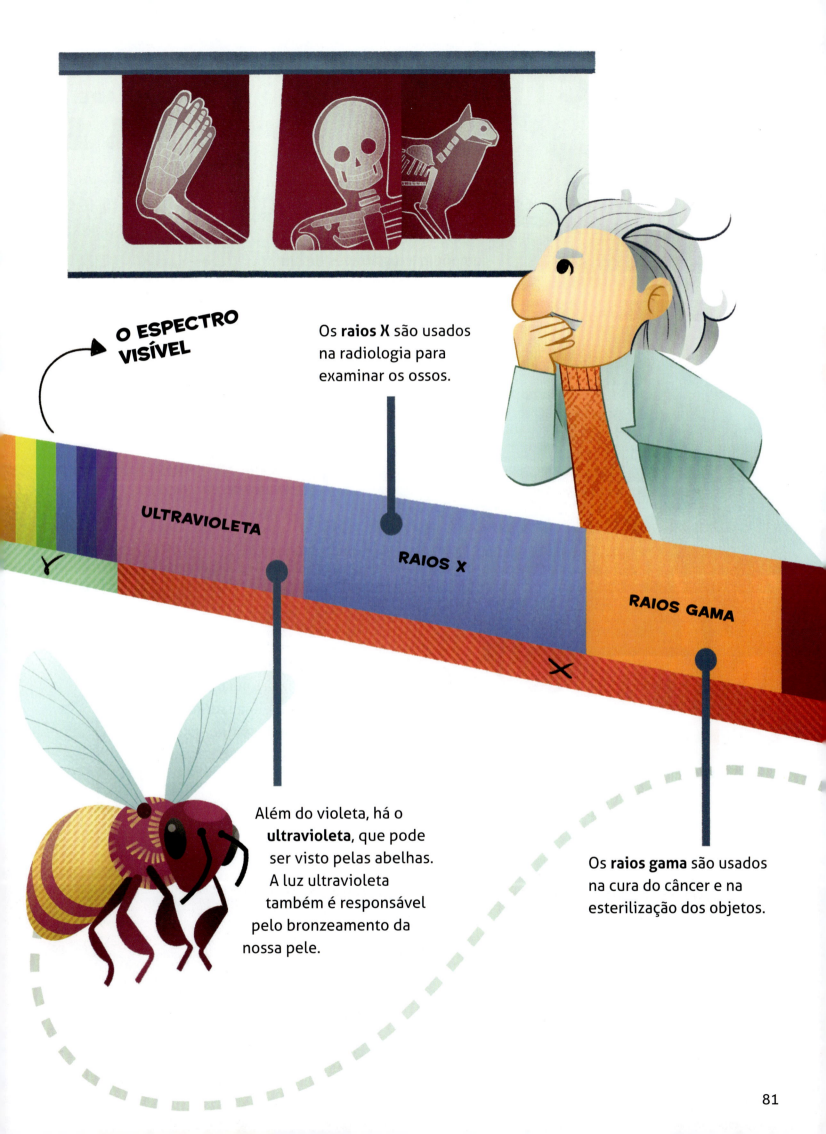

ESPECTROSCÓPIO

DIFICULDADE:

SUJIDADE:

TEMPO: 15 minutos

FAÇA COM:

VOCÊ VAI PRECISAR DE:

- um tubo de papelão
- um CD
- fita adesiva
- papel alumínio
- estilete
- tesoura
- um lápis

Vamos fazer um instrumento que permita a você ver separadamente as cores que compõem a luz através de um fenômeno chamado **difração**: o **espectroscópio**.

COMO FAZER

1 Faça um corte de 45° a cerca de um terço ao longo do tubo, como mostra a ilustração.

2 Usando o estilete, faça uma pequena janela quadrada do lado oposto ao corte anterior.

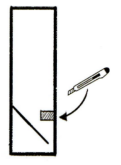

③ Cubra o topo do tubo com papel alumínio.

④ Com o estilete, faça uma pequena abertura no centro da folha de alumínio.

⑤ Insira o CD na fenda a 45°.

⑥ Aponte a janelinha feita no espectroscópio para o céu (não diretamente para o sol) e olhe através dela.

O QUE ACONTECE

Ao olhar através da janela, você verá um pequeno arco-íris se formando no CD! Os CDs têm ranhuras circulares que são usadas para gravar dados, e elas são tão próximas que funcionam como uma grade de difração que quebra a luz.

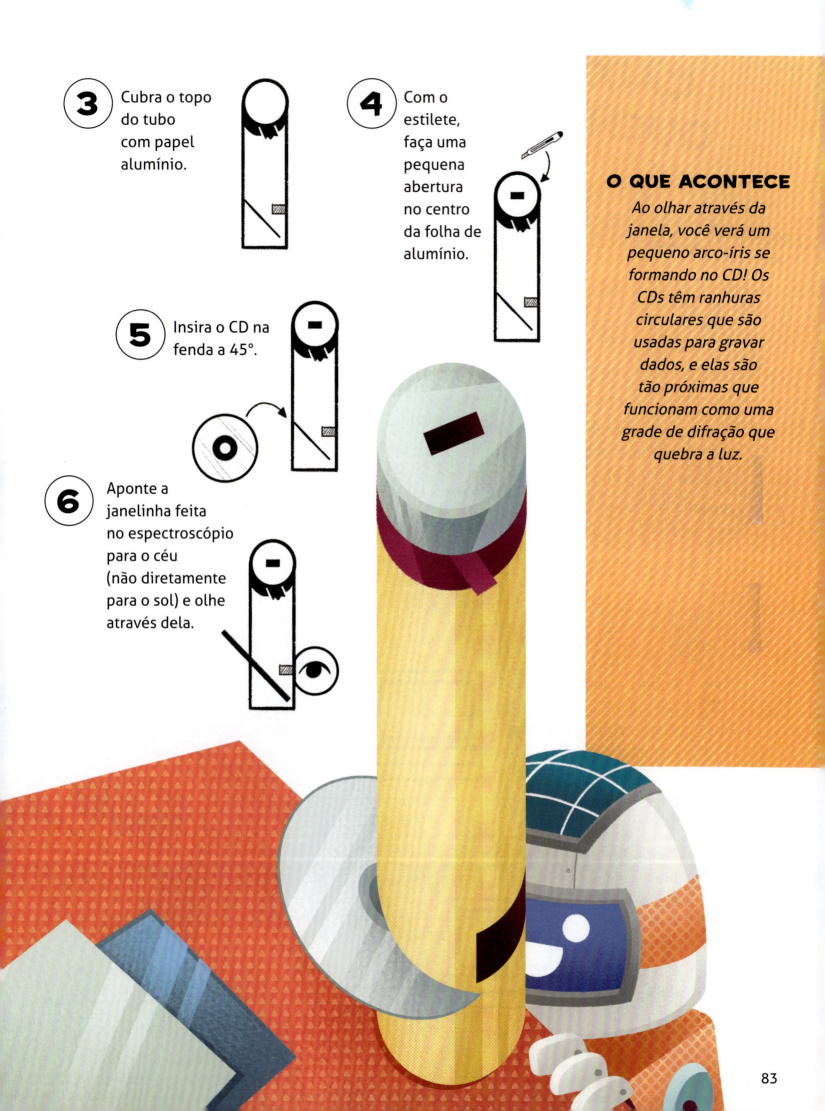

CAIXAS QUENTES

DIFICULDADE:

SUJIDADE:

TEMPO: 1 hora

FAÇA COM: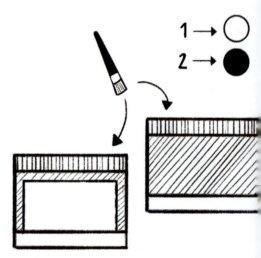

VOCÊ VAI PRECISAR DE:

- 2 caixas de papelão do mesmo tamanho, com tampa
- plástico filme
- fita adesiva
- um termômetro de cozinha
- tinta guache branca e preta
- um pincel
- tesoura
- um cronômetro

COMO FAZER

1 Corte uma janela nas tampas das duas caixas, deixando uma margem de 2 cm em todos os lados.

2 Pinte o interior e as tampas das caixas: uma de preto e a outra de branco, e deixe secar.

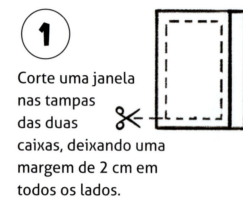

3 Cubra as janelas abertas nas tampas com o plástico filme e prenda as bordas com fita adesiva.

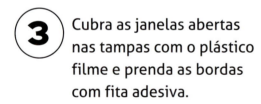

4 Ponha a caixa branca em algum lugar onde a janela transparente fique voltada para o sol.

5 Com a ponta do termômetro, faça um furo em um dos lados da caixa e, em seguida, insira o bulbo do termômetro.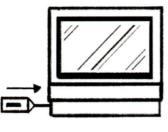

6 Anote a temperatura a cada 30 segundos (10 vezes).

7 Repita os passos 4, 5 e 6 com a caixa preta. Escreva embaixo as diferentes temperaturas.

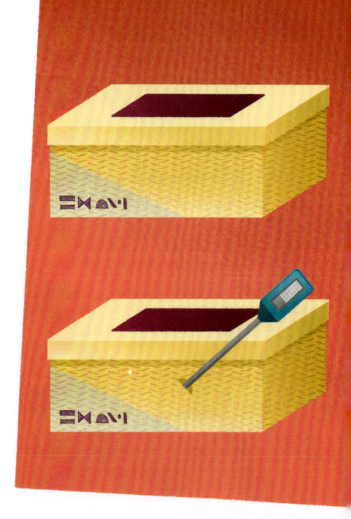

O QUE ACONTECE

Embora no começo as leituras de temperatura das duas caixas sejam semelhantes, com o tempo as temperaturas da caixa preta ficarão mais altas que as da caixa branca. Isso acontece porque a cor preta absorve a luz e a converte em calor, enquanto a branca reflete a luz. É por isso que, no verão, devemos evitar o uso de roupas pretas, preferindo as roupas brancas.

INFRAVERMELHO

INFRAVERMELHO

Para enxergar além do **espectro visível**, nós, humanos, precisamos de ferramentas especiais.

Algumas câmeras especiais, chamadas **câmeras de imagem térmica**, podem detectar energia infravermelha. Elas são usadas em dispositivos que nos permitem enxergar no **escuro**. E também são usadas pelos **bombeiros** que precisam encontrar o caminho em ambientes cheios de **fumaça**.

Os astrônomos usam telescópios especiais que podem ver o céu em luzes infravermelhas e ultravioleta.

A luz infravermelha é usada nos **controles remotos** para enviar sinais para a **TV** ou para os **portões automáticos**.

INFRAVERMELHO E UM TELEFONE CELULAR

DIFICULDADE:

SUJIDADE:

TEMPO: 5 minutos

FAÇA COM:

VOCÊ VAI PRECISAR DE:
- um telefone celular
- um controle remoto com a luz do LED descoberta

COMO FAZER

1. Entre em um quarto escuro ou semiescuro e acione a câmera do seu telefone celular.

2. Aponte a luz do LED do controle remoto para a câmera.

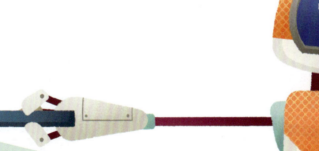

3. Pressione um botão no controle remoto e veja o que acontece.

O QUE ACONTECE

Algumas câmeras digitais têm filtros para bloquear a luz infravermelha, mas a maioria delas pode detectá-la. Quando você pressiona um botão do controle remoto, a câmera mostra a luz do LED se acendendo e aparece na tela como luz visível.

87

O CÉU EM UM QUARTO

A FOSFORESCÊNCIA é um fenômeno no qual certas substâncias continuam a emitir luz mesmo quando não estão mais sendo diretamente iluminadas.

Todos nós conhecemos aquelas estrelas fosforescentes que absorvem a luz em uma sala ou quarto e depois brilham no escuro por alguns minutos.

Geralmente, todos os produtos que são vendidos como "brilham no escuro" são fosforescentes.

CONSTELAÇÕES INTERIORES

DIFICULDADE:

SUJIDADE:

TEMPO: 20 minutos

FAÇA COM:

VOCÊ VAI PRECISAR DE:
- várias estrelas fosforescentes
- um mapa estelar
- uma lanterna
- uma lanterna ultravioleta

COMO FAZER

1. Abra o mapa estelar e escolha uma constelação.

2. Conte a quantidade certa de estrelas da constelação que você escolheu.

3. Cole-as na parede ou no teto com a ajuda de um adulto.

4. Apague as luzes e ilumine as estrelas com uma lanterna por 10 segundos. Depois anote quanto tempo as estrelas ficam brilhando.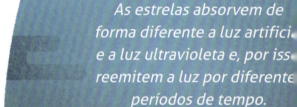

5. Agora pegue a lanterna ultravioleta, ilumine as estrelas por 10 segundos e anote quanto tempo as estrelas ficam brilhando.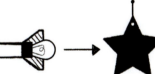

O QUE ACONTECE

As estrelas absorvem de forma diferente a luz artificial e a luz ultravioleta e, por isso, reemitem a luz por diferentes períodos de tempo.

FLUORESCÊNCIA

A FLUORESCÊNCIA é a propriedade que algumas substâncias têm de **emitir luz** quando são **estimuladas,** isto é, expostas a radiações luminosas como a **luz ultravioleta**.

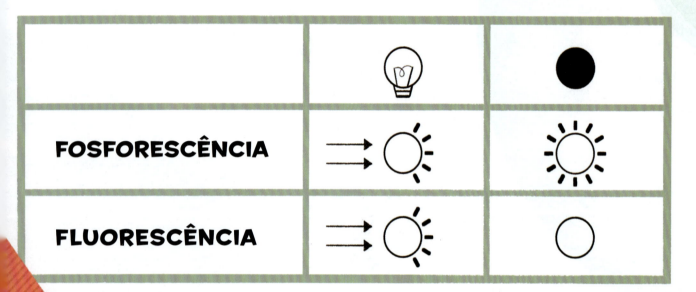

A FOSFORESCÊNCIA e a FLUORESCÊNCIA são baseadas na habilidade desses materiais e substâncias de **absorver energia**, estimularem-se e depois **reemiti-la** na forma de **luz** visível.

A diferença entre os dois fenômenos está na **quantidade** de tempo que eles brilham: enquanto a FOSFORESCÊNCIA tem um efeito mais duradouro e continua mesmo na ausência da luz, a FLUORESCÊNCIA tem um efeito imediato e cessa assim que a fonte de energia estimuladora é interrompida.

CANETA MARCA-TEXTO

DIFICULDADE:

SUJIDADE:

TEMPO: 20 minutos

FAÇA COM:

VOCÊ VAI PRECISAR DE:
- cartolina
- uma caneta marca-texto
- uma lanterna ultravioleta

COMO FAZER

1. Com a caneta marca-texto, desenhe qualquer coisa que você queira.

2. Escureça o quarto.

3. Acenda a lanterna ultravioleta e ilumine a cartolina. O que você vê?

O QUE ACONTECE

Os raios ultravioleta da lanterna estimulam a substância fluorescente da caneta marca-texto, que reemite essa energia na forma de luz visível.

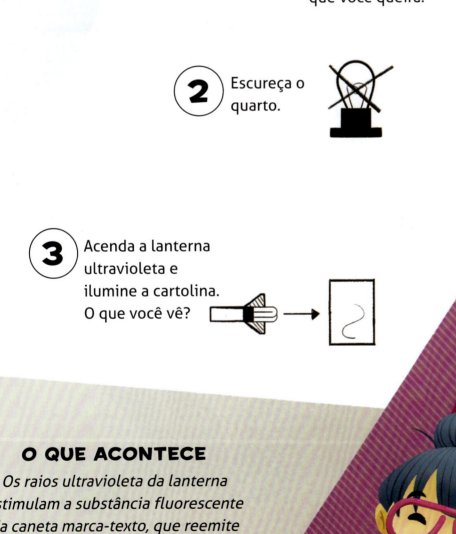

Ilusões de Óptica

ILUSÕES DE ÓPTICA	94-95
SALA DE ESCHER	96-97
OBJETOS IMPOSSÍVEIS (RESPOSTAS)	98-99
TESTE O TEXTO	100-101
ARTE ÓPTICA	102-103
ELES ESTÃO LÁ… SÓ QUE NÃO	104-105
O TRIÂNGULO DE KANIZSA	106-107
PALAVRAS QUE NÃO EXISTEM	108-109
AMBIGRAMAS!	110-111
FIGURAS AMBÍGUAS	112
DESENHE UMA FIGURA AMBÍGUA	113

PAREIDOLIA	**114-115**
A IMPORTÂNCIA DO CONTEXTO	**116-117**
A ILUSÃO DA PAREDE DO CAFÉ	**118-119**
UM CUBO DE TRÊS LADOS	**120-121**
O TRIÂNGULO DE PENROSE	**122-123**
LINHAS À MÃO LIVRE	**124-125**
FENACISTOS… O QUÊ?	**126-127**
NO SÉCULO XIX…	**128-129**
IMAGENS EM MOVIMENTO	**130-131**
O ZOOTRÓPIO	**132-133**

ILUSÕES DE ÓPTICA

A ILUSÃO DE ÓPTICA é produzida pelo nosso SISTEMA VISUAL. Ela nos faz perceber algo que não existe ou que parece diferir da realidade.

Os cientistas classificam as ilusões de acordo com o mecanismo que as cria, dividindo-as em três diferentes categorias: ÓPTICA, PERCEPTUAL e COGNITIVA.

ÓPTICA

São motivadas por fenômenos relacionados às propriedades da luz e independem do olho humano. Por exemplo: miragens no deserto.

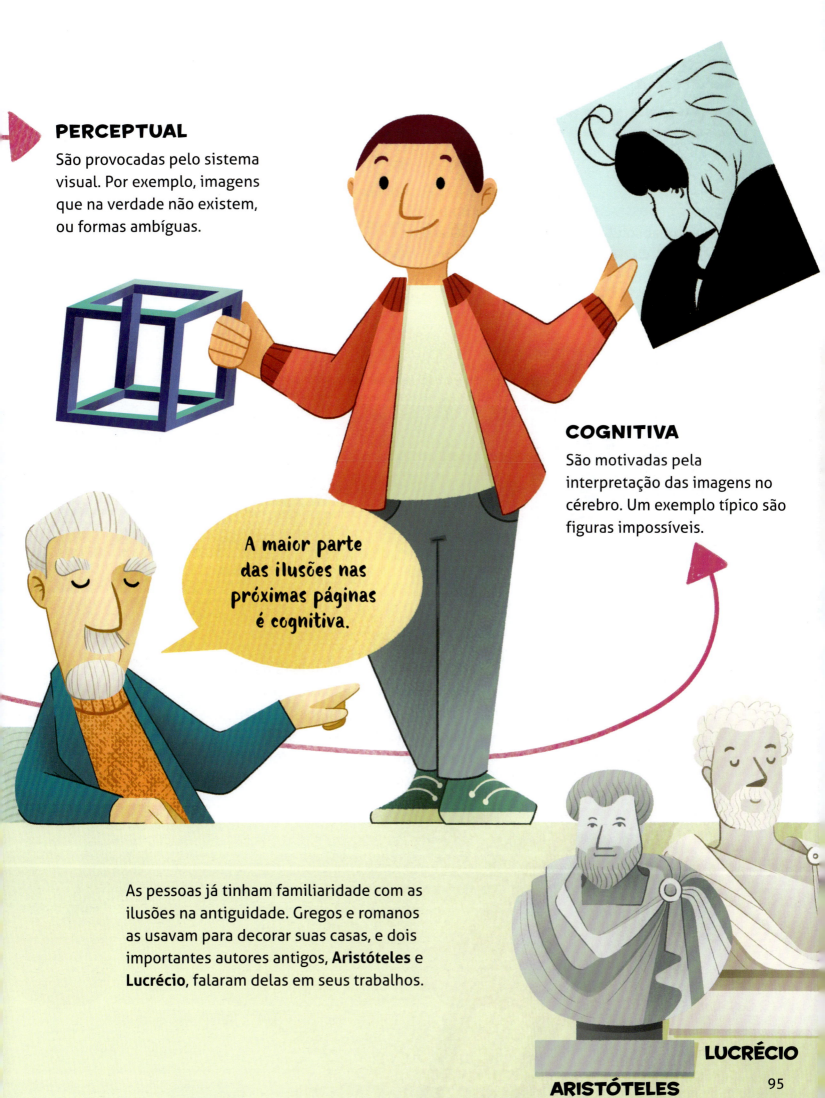

SALA DE ESCHER

Objetos impossíveis só podem existir no papel por serem absolutamente impossíveis. O artista **MAURITS CORNELIS ESCHER** foi um especialista na criação de objetos impossíveis.

ESCHER era um grande fã das ILUSÕES DE ÓPTICA, e foi capaz de criar universos verdadeiramente impossíveis. Suas obras não só enganam nosso cérebro, como também escondem fórmulas matemáticas e geométricas.

A parte superior vista de cima e a parte inferior vista de baixo. **(ABAJUR)**

Duas pernas na parte de baixo, com um recuo na parte superior. **(MESA)**

TESTE O TEXTO

LEIA OS TEXTOS ABAIXO RAPIDAMENTE.

E5T4 M3N554G3M 53RV3 P4R4 PROV4R
COMO NO5545 M3NT35 POD3M F4Z3R
CO15A5 1NCR1V315! 1MPR3551ON4NT3!
NO COM3ÇO FO1 D1F1C1L, M45 4GOR4,
N3RT4 L1NH4, SU4 M3NT3 3ST4 L3NDO
4UTOM4T1C4M3NT3 S3M N3M P3NS4R 4
R3SP31TO. ORGULH3-S3!

SGEUNDO UM PORFESOSR
DA UNIVERSIDDAE DE
CMABRIGDE, NÃO IPMOTRA
A ODREM DAS LTREAS DE
UMA PLAARVA. A ÚCNIA
CIOSA IPMORATNTE É QUE
A PRMIIERA E A ÚLITMA
LTERA ESTJEAM NA
POISÇÃO CRORTEA.

AGORA, LEIA OS DOIS LENTAMENTE.

Depois de ler a a frase, você vai perceber que seu cérebro não lhe disse que a a palavra "a" estava repetida.

Nosso cérebro processa uma enorme quantidade de informação. Com o passar do tempo, ele aprende a usar estratégias para acelerar alguns processos de aprendizagem para não ficar sobrecarregado, tentando apreender a essência e, portanto, completando automaticamente as informações gerais.

ARTE ÓPTICA

Isto não é incrível? Chama-se **ARTE ÓPTICA**, e é um tipo de arte muito comum, que nasceu nos Estados Unidos na década de 1960.

A arte óptica usa os próprios mecanismos de controle do olho para enganá-lo, criando uma sensação de movimento em um desenho totalmente estático.

O efeito é o resultado da interação de cores e formas contrastantes.

CIÊNCIA E ARTE

Alguns dos artistas que fazem esses trabalhos são pesquisadores especializados e neurocientistas. Isso porque é essencial entender o SISTEMA VISUAL, se você quer enganar os olhos e o cérebro, e criar a ilusão de movimentos.

A ciência ainda é incapaz de explicar completamente como ocorrem todos esses fenômenos.

ELES ESTÃO LÁ... SÓ QUE NÃO

Esta é a **grade de Hermann!** Ela tem o nome de **LUDIMAR HERMANN**, que foi quem descreveu a ilusão em 1870. Ao olhar para a grade toda, você vê pontos cinzas nos cruzamentos das linhas brancas... mas esses pontos, na realidade, não existem!

A diferença entre essas duas ilusões é que a segunda tem pontos brancos nos cruzamentos, enquanto na grade de Hermann os pontos nos cruzamentos não aparecem.

Em 1994, Bernd Lingelbach e Michael Schrauf criaram a ilusão da grade cintilante. Ao olhar para ela, você vai ver pontos pretos aparecendo e desaparecendo sobre os brancos. Mas os pontos pretos não são reais.

Acredita-se que essas ILUSÕES DE ÓPTICA sejam causadas pelas diferentes intensidades de luz nas várias áreas da grade e pela forma com que nossos olhos enviam alguns sinais ao cérebro enquanto bloqueiam outros. Aparentemente, esse mecanismo ajuda o cérebro a identificar melhor os limites do objeto e, ao mesmo tempo, distinguir entre as imagens claras e as escuras.

O TRIÂNGULO DE KANIZSA

Esta ilusão foi descrita pela primeira vez em 1955, pelo psicólogo **GAETANO KANIZSA**.

Na figura, você pode ver dois triângulos equiláteros brancos sobrepostos, mas o triângulo de cima não foi desenhado com linhas. Além disso, o triângulo branco sem contorno parece mais brilhante que o outro.

Outros exemplos são a **esfera pontiaguda de Idewasa** e a **ilusão de Ehrenstein**.

106

VOCÊ VAI PRECISAR DE:
- régua
- compasso
- lápis
- caneta marcadora preta

COMO FAZER

DIFICULDADE:

SUJIDADE:

TEMPO: 15 minutos

FAÇA COM:

1 Comece com o triângulo de Kanizsa e recrie a mesma ilusão.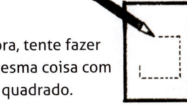

2 Agora, tente fazer a mesma coisa com um quadrado.

3 Desenhe quatro círculos pretos, mas de forma que falte ¼ em cada um. Disponha os quatro quartos que faltam a 90° para que apareça um quadrado branco no meio.

4 Agora, tente recriar as outras ilusões na página anterior.

O QUE ACONTECE
Se você fez tudo direitinho, de forma precisa, graças a esta ILUSÃO COGNITIVA você vai ver um quadrado branco aparecer no meio do seu desenho.

PALAVRAS QUE NÃO EXISTEM

Que palavra você vê nesta imagem?

* VOO

Não consigo ver nada.

Você está olhando para uma palavra que não existe.

Ela é criada pelas sombras de letras brancas imaginadas em um fundo branco.

COMO FAZER

VOCÊ VAI PRECISAR DE:
- um lápis
- 2 folhas de papel

DIFICULDADE:

SUJIDADE:

TEMPO: 20 minutos

FAÇA COM:

1 Na primeira folha de papel, escreva a palavra ILUSÃO.

2 Agora, cubra-a com a segunda folha de papel.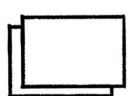

3 Segure as folhas de papel contra uma janela e observe atentamente o contorno das letras, imaginando que elas são tridimensionais.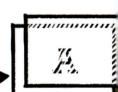

4 Desenhe as sombras imaginárias, como se as letras fossem iluminadas a partir do canto superior esquerdo da folha de papel.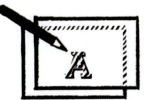

5 Agora mostre a alguém a folha de papel só com as sombras e pergunte o que está escrito nela.

O QUE ACONTECE
Você recriou o efeito! A palavra não existe, mas as pessoas conseguirão lê-la só de olhar para as sombras.

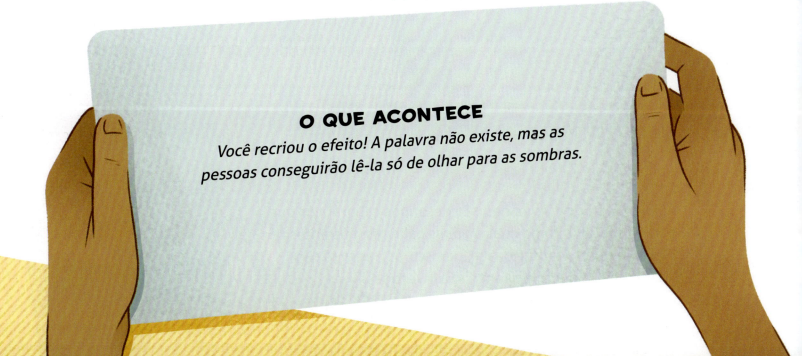

AMBIGRAMAS!

Os AMBIGRAMAS apareceram pela primeira vez no século XIX, mas os estranhos desenhos de palavras não tinham nome até 1980, quando Scott Kim os chamou de inversões.

AMBIGRAMAS, ou inversões, são desenhos caligráficos que podem ser lidos como duas ou mais palavras diferentes. Eles têm simetria rotacional e, por isso, as palavras são lidas da mesma forma quando são invertidas.

O termo **AMBIGRAMA** foi criado pelo filósofo **DOUGLAS HOFSTADTER** em 1986, e se tornou famoso a partir de seu livro *Ambigramas: Um Micromundo para o Estudo da Criatividade*.

Um famoso **AMBIGRAMA** aparece tanto no livro *Anjos e Demônios*, de **Dan Brown**, quanto no filme de mesmo nome, do diretor **Ron Howard**.

FIGURAS AMBÍGUAS

São as imagens que podem ser **interpretadas de forma diferente** porque mostram **duas figuras distintas**. Você poderá ver as duas figuras logo de cara ou só depois que uma outra pessoa apontar a outra.

A figura acima é a de um homem tocando saxofone ou é um rosto de mulher? Na da esquerda, se você tivesse que escolher uma grade para sua varanda, ia preferir a preta ou a branca?

DESENHE UMA FIGURA AMBÍGUA

VOCÊ VAI PRECISAR DE:
- um lápis
- 2 folhas de papel A4
- tesoura
- caneta marcadora preta

DIFICULDADE: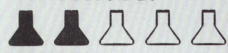

SUJIDADE:

TEMPO: 10 minutos

FAÇA COM:

COMO FAZER

1 Observe atentamente o vaso no topo da página ao lado e tome nota dos detalhes que permitem que você também veja dois rostos de perfil.

2 Dobre uma das folhas de papel ao meio para que você possa desenhar em uma metade.

3 Agora desenhe o perfil de meio vaso tentando fazer, ao mesmo tempo, com que pareça um rosto de perfil.

4 Recorte o perfil do vaso, cortando as duas metades do papel e, em seguida, abra o papel.

5 Pinte o vaso com a caneta marcadora preta e coloque-o sobre a outra folha de papel branco.

O QUE ACONTECE

*Você criou uma figura ambígua inspirada no **vaso de Rubin**: ela tanto pode ser vista como um vaso ou como dois rostos. O cérebro interpreta primeiro a imagem de uma forma e, depois, de outra. Ele não percebe o vaso e os dois rostos ao mesmo tempo.*

PAREIDOLIA

PAREIDOLIA é a tendência da nossa mente de reconhecer objetos familiares em objetos ou padrões aleatórios ou sem nenhuma relação. Quantas vezes você parou para olhar uma nuvem e tentou encontrar a forma de um animal ou as características de um rosto?

A FACE MARCIANA

Um exemplo famoso de PAREIDOLIA é o "rosto" em Marte. Essa formação rochosa em Marte foi capturada pela nave espacial Viking 1, e ela lembra um rosto humano quando a luz bate na pedra em um certo ângulo.

PAREIDOLIA E OS VEGETAIS

No século XVI, o artista **GIUSEPPE ARCIMBOLDO** já usava a PAREIDOLIA para criar retratos bizarros. Ao olharmos rapidamente, podemos ver rostos "humanos", mas não demoramos a notar que os detalhes são feitos com frutas, legumes, flores e outros objetos.

A IMPORTÂNCIA DO CONTEXTO

O círculo preto na imagem à direita parece maior que o da imagem à esquerda, mas os dois são do mesmo tamanho. Essa ilusão acontece porque o cérebro usa o contexto para determinar o tamanho dos objetos.

Como o círculo da direita é cercado por círculos menores, o cérebro acredita que ele é maior que o círculo cercado por círculos maiores. Esse fenômeno é chamado de **Ilusão de Ebbinghaus**!

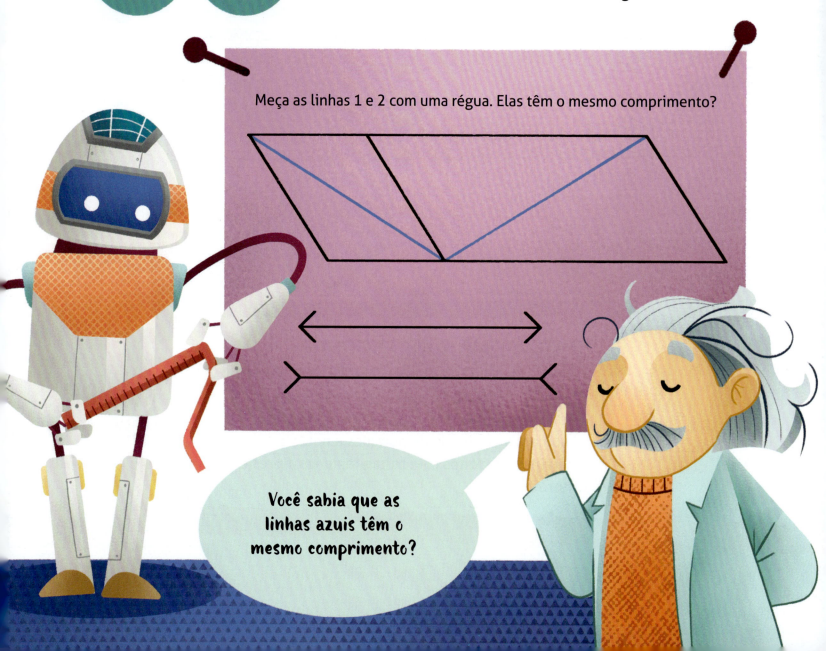

Meça as linhas 1 e 2 com uma régua. Elas têm o mesmo comprimento?

Você sabia que as linhas azuis têm o mesmo comprimento?

VOCÊ VAI PRECISAR DE:

- um compasso
- tesoura
- 2 pedaços de cartolina de cores diferentes
- um lápis

DIFICULDADE:

SUJIDADE:

TEMPO: 30 minutos

FAÇA COM:

COMO FAZER

1 Desenhe dois círculos com 6,3 cm de diâmetro em um dos pedaços de cartolina.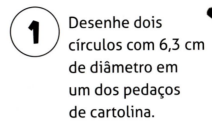

2 Recorte os dois círculos.

3 Desenhe seis círculos de 20 cm e oito círculos de 2,5 cm no outro pedaço de cartolina.

4 Recorte todos os círculos.

5 Disponha os círculos da mesma maneira que os da Ilusão de Ebbinghaus da página ao lado.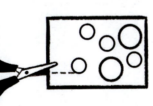

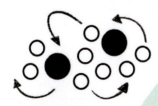

O QUE ACONTECE

Depois de ter criado a ilusão sobre a mesa, você verá como é difícil acreditar que os dois primeiros círculos são do mesmo tamanho, apesar de você mesmo tê-los feito!

117

A ILUSÃO DA PAREDE DO CAFÉ

RICHARD GREGORY descobriu esta ilusão, chamada de ilusão da parede do café, em um bar em 1970. As linhas retas parecem inclinadas, mas, na verdade, são paralelas.

As linhas que separam os quadrados brancos parecem inclinadas porque o cérebro faz força para achar que são paralelas. Esse efeito se deve ao forte contraste entre o preto e o branco e ao fato dos quadrados não estarem em linhas retas.

Os azulejos pretos e brancos que Gregory observou no café estavam confusos, e não dispostos como um tabuleiro de xadrez perfeito. Por isso, as linhas de argamassa entre os azulejos não pareciam paralelas.

VOCÊ VAI PRECISAR DE:

- 1 pedaço de cartolina medindo 38,5 cm x 27,5 cm
- uma caneta marcadora preta
- uma régua
- tesoura

COMO FAZER

DIFICULDADE:

SUJIDADE:

TEMPO: 20 minutos

FAÇA COM:

1 Desenhe cinco linhas na cartolina com 5,5 cm de comprimento.

2 Agora desenhe sete colunas com 5,5 cm de altura.

3 Pinte de preto um quadrado sim outro não, como na ilustração.

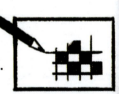

4 Recorte as linhas de quadrados.

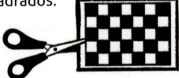

5 Mova cada linha do meio quadrado para a direita.

O QUE ACONTECE

Você vai perceber que as linhas divisórias parecem convergir, apesar de, na verdade, ainda serem paralelas. Se você remontar o tabuleiro de xadrez do jeito que desenhou, as linhas divisórias mais uma vez vão parecer paralelas.

119

UM CUBO DE TRÊS LADOS

Um cubo é uma forma tridimensional com seis lados, mas o desenho de um cubo mostra apenas três deles.

DIFICULDADE:

SUJIDADE:

TEMPO: 15 minutos

FAÇA COM:

VOCÊ VAI PRECISAR DE:
- 1 folha de cartolina branca
- uma régua
- um lápis
- tesoura
- fita adesiva

Quando você olha para o desenho de um cubo, seu cérebro reconstrói o objeto tridimensional, imaginando o que está faltando.

Podemos enganar nosso cérebro mostrando um objeto côncavo que, na realidade, ele vai perceber como um cubo convexo.

120

COMO FAZER

1. Na cartolina, desenhe três quadrados com 10 cm de lado, como mostra a ilustração.

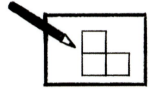

2. Recorte ao longo da linha externa da figura, obtendo um grande L.

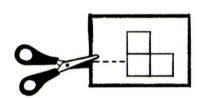

3. Desenhe um ponto no centro do primeiro quadrado, dois pontos no segundo, e três pontos em diagonal no terceiro.

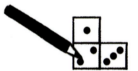

4. Dobre ao longo das linhas destacadas na ilustração para que os pontos fiquem do lado de fora do objeto.

5. Cole os lados com a fita adesiva.

6. Mova o objeto e observe-o com um olho só.

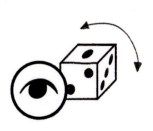

ÂNGULO CONVEXO

ÂNGULO CÔNCAVO

O QUE ACONTECE

Você terá a sensação de ver um dado convexo normal, mas ele parecerá estar se movendo na direção oposta à que realmente está.

O TRIÂNGULO DE PENROSE

DESCOBERTO DUAS VEZES!
Esta ilusão foi descoberta pela primeira vez por **Oscar Reutersvärd**, um artista gráfico sueco. Há um relato que diz que ele a desenhou aos 18 anos enquanto rabiscava o caderno em uma aula de latim.

A ilusão foi descoberta mais tarde de forma independente por **LIONEL SHARPLES PENROSE** e seu filho **ROBER PENROSE**, ambos cientistas e filósofos famosos.

OSCAR REUTERSVÄRD

O **triângulo de Penrose** é um objeto impossível, que retrata uma figura que só pode ser percebida quando vista do ângulo correto.

O artista **MC ESCHER** criou vários desenhos com base no objeto impossível.

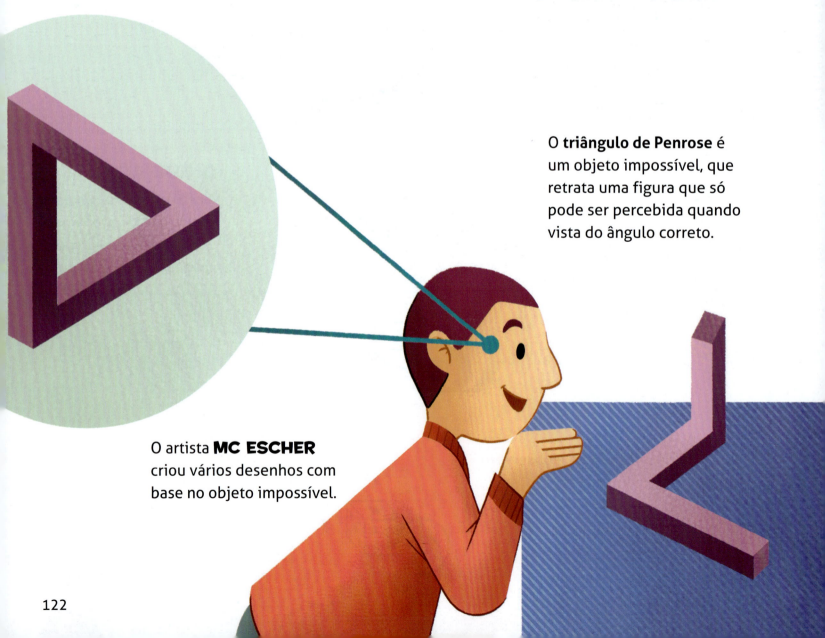

122

VOCÊ VAI PRECISAR DE:
- 30 cm de arame
- alicate

COMO FAZER

DIFICULDADE: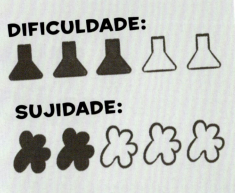

SUJIDADE:

TEMPO: 15 minutos
FAÇA COM:

1 Crie um "U" com o arame, formando dois ângulos de 90°, com 10 cm de comprimento em cada parte.

2 Segurando o fio U entre seus dedos polegar e indicador, dobre o lado direito 90° para baixo.

3 Segure a parte central do arame com a mão direita.

4 Feche seu olho esquerdo e observe o objeto com seu olho direito.

5 Agora incline a parte central 45° para a esquerda e tente ver as duas partes externas unidas para formar o último ângulo do triângulo.

O QUE ACONTECE

O triângulo só pode ser visto quando observado do ângulo correto. Em um espaço tridimensional, esse objeto não pode existir, mas, graças a uma ilusão, somos capazes de vê-lo.

LINHAS À MÃO LIVRE

DIFICULDADE:

SUJIDADE:

TEMPO: 15 minutos

FAÇA COM:

Você pode recriar a ilusão de espessura tridimensional com linhas simples desenhadas em uma folha de papel.

VOCÊ VAI PRECISAR DE:
- um lápis
- uma borracha
- canetas hidrocor coloridas
- uma folha de papel

COMO FAZER

1 Coloque sua mão no centro da folha de papel.

2 Com o lápis, contorne a sua mão.

ATENÇÃO!
Seja preciso ao juntar as linhas das bordas da mão com as linha arqueadas. Quanto mais linhas você desenhar, melhor será o resultado.

3 Tire sua mão do papel.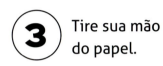

4 Usando uma canetinha preta, desenhe linhas paralelas por toda a folha de papel. Elas devem ser retas até chegar ao traçado da mão feito a lápis. Dentro do desenho da sua mão, arqueie as linhas para cima e, em seguida, deixe-as retas outra vez do outro lado do contorno.

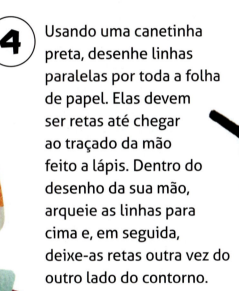

5 Apague o desenho feito a lápis.

6 Pinte com cores diferentes os espaços entre as linhas pretas.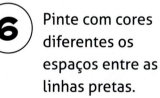

O QUE ACONTECE
Quando você terminar de pintar, sua mão vai aparecer em 3D.

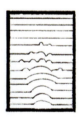

125

FENACISTOS... O QUÊ?

O fenacistoscópio é um objeto que torna possível perceber uma sequência de desenhos como imagens animadas.

Ele começou como um instrumento feito de dois discos: um com uma sequência de desenhos e o outro, com aberturas equidistantes. Ao girar os discos e olhar pelas aberturas, os desenhos parecem ganhar vida.

Existe uma outra versão composta de um disco com aberturas e imagens. Você o segura em frente a um espelho e olha através das aberturas. Quando o disco é girado, as imagens ganham vida no espelho.

O termo "fenacistoscópio" vem de uma palavra grega que significa "enganar", que é exatamente o que acontece desde que os objetos habilmente desenhados pareçam se mover.

NO SÉCULO XIX...

DIFICULDADE:

SUJIDADE:

TEMPO: 50 minutos

FAÇA COM:

VOCÊ VAI PRECISAR DE:
- um círculo de papel-cartão com 20 cm de diâmetro
- um lápis
- uma régua
- estilete
- uma tachinha

COMO FAZER

1 Divida o círculo em 16 segmentos iguais, desenhando oito linhas.

2 Desenhe um círculo no primeiro segmento. No segundo, desenhe outro círculo, mas um pouco mais para cima que o primeiro. Faça a mesma coisa até chegar ao nono segmento, onde você começa a desenhar os círculos um pouco abaixo do anterior. O último círculo deve ficar na mesma altura que o primeiro.

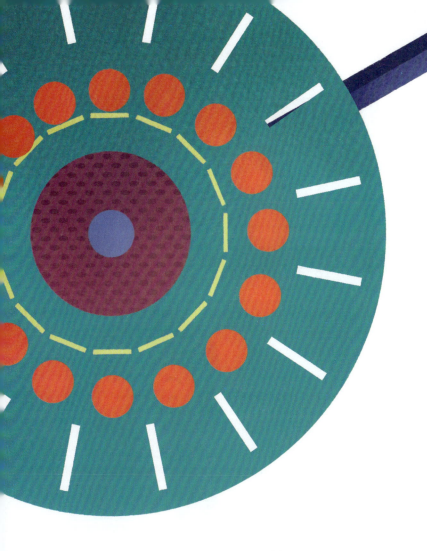

 Com a ajuda de um adulto, pegue o estilete e retire um retângulo estreito (3 mm) em cada linha da divisão dos segmentos, começando a 1 cm da borda e descendo 4 cm. A fenda, portanto, fica com 3 cm de comprimento e 3 mm de largura.

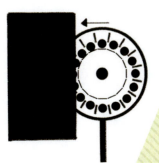 Prenda o disco no topo do lápis com a tachinha.

 Fique na frente de um espelho com o desenho voltado para ele.

 Gire o disco na frente dos seus olhos e observe o reflexo dos desenhos pelas fendas.

O QUE ACONTECE

Você vai ter a sensação de ver a imagem animada de uma bola batendo no chão. Isso se deve à PERSISTÊNCIA DA VISÃO, característica do nosso SISTEMA VISUAL, que não consegue distinguir duas imagens se uma for substituída por outra muito rapidamente.

IMAGENS EM MOVIMENTO

O zootrópio é um instrumento ÓPTICO que produz a ilusão de imagens se movendo. Ele foi inventado por **WILLIAM GEORGE HORNER** em 1833 e se tornou muito popular na Era Vitoriana.

Ele consiste em uma sequência de desenhos numa tira de papel, que é colocada dentro de um cilindro com fendas, através das quais você vê a imagem.

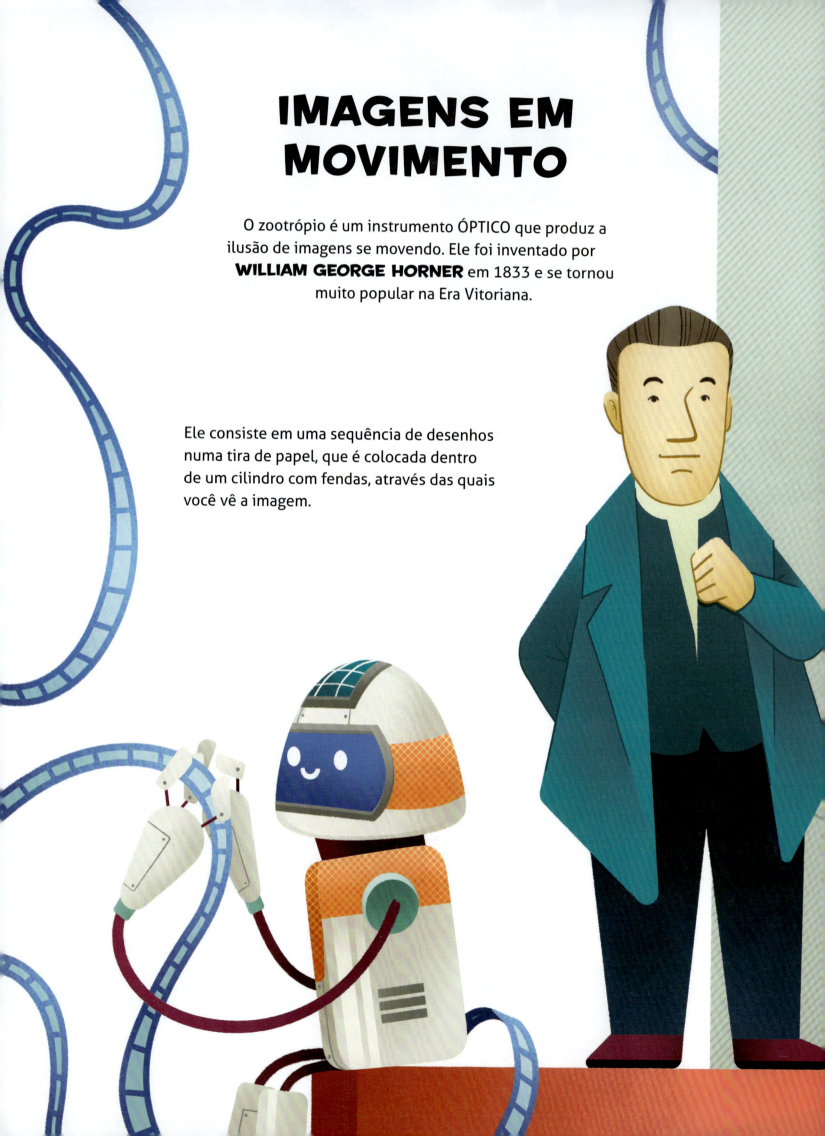

Ao fazer um, é importante que as fendas tenham um espaço regular e que haja o mesmo número de fendas que o de desenhos (precisa haver uma fenda para cada desenho na sequência).

O CINEMATÓGRAFO DE LUMIÈRE

O zootrópio e o fenacistoscópio são precursores do cinema, que foi inventado no final de 1800. Em 28 de dezembro de 1895, os irmãos **LOUIS** e **AUGUSTE LUMIÈRE** realizaram a primeira exibição pública de um filme no mundo.

O ZOOTRÓPIO

COMO FAZER

DIFICULDADE:

SUJIDADE:

TEMPO: 50 minutos

FAÇA COM:

VOCÊ VAI PRECISAR DE:

- um tubo de plástico com cerca de 10 cm de altura e mais ou menos 15 cm de diâmetro
- um prego
- uma tábua redonda, com 20 cm de diâmetro e 2 cm de espessura
- um estilete
- uma caneta hidrográfica preta
- uma tira de papel com 5 cm de largura e tão longa quanto a circunferência do tubo
- um lápis
- uma arruela

 Desenhe uma sequência de 16 imagens na tira de papel, como as do fenacistoscópio, todas do mesmo tamanho e equidistantes (mesma distância) uma da outra.

2 Pinte o tubo de preto.

3 Cole a tira de papel com seus desenhos no interior do tubo, com as figuras viradas para dentro.

132

Com a ajuda de um adulto, use o estilete para cortar 16 fendas com 3 mm de largura no tubo, exatamente acima de cada espaço entre um desenho e outro.

 Prenda o fundo do recipiente na tábua com o prego, colocando a arruela entre o tubo e a tábua para que o recipiente gire livremente.

 Erga o recipiente até o nível dos olhos e olhe através das fendas. Gire o recipiente e preste atenção nos desenhos.

O QUE ACONTECE

Como aconteceu com o fenacistoscópio, sua PERSISTÊNCIA DA VISÃO faz com que a sequência de desenhos ganhe vida.

MAIS

Faça mais tiras de papel do mesmo tamanho e crie novas séries de desenhos.

Eletricidade e Magnetismo

UMA FORÇA ESPECIAL	136-137
ATRAÍDO E NÃO ATRAÍDO	138
AERONAVES	139
NATURALMENTE MAGNÉTICO	140
VAMOS MAGNETIZÁ-LOS!	141
ACIONAMENTO MAGNÉTICO (OS POLOS DE UM ÍMÃ)	142-143
VIVEMOS EM UM ÍMÃ GIGANTESCO	144-145
VENDO O INVISÍVEL	146
APRENDA A USAR UMA BÚSSOLA	147
ORIENTE-SE COM UMA BÚSSOLA	148-149
FAZENDO UMA BÚSSOLA	150-151
USE A FORÇA, LÉO	152-153
CAPTURANDO RAIOS	154-155
O ELETROSCÓPIO	156-157
ERA UMA VEZ... UMA BATERIA	158-159

A ELETRICIDADE... NO DIA A DIA 160-161
VAMOS CONSTRUIR UM CIRCUITO 162-163
CONDUTORES E ISOLANTES 164
ELE CONDUZ! 165
CIRCUITOS FLEXÍVEIS 166-167
O ADVENTO DO ELETROMAGNETISMO 168-169
UM CELULAR E UMA BÚSSOLA 170
UM ÍMÃ E UMA BOBINA 171
UM MOTOR ELÉTRICO SIMPLES 172-173
NÃO TOQUE 174-175

UMA FORÇA ESPECIAL

Você, sem dúvida, tem em seu estojo canetas, lápis, marcadores coloridos, borracha, apontador e clipes. Jogue tudo sobre a mesa e passe um ÍMÃ por cima. O que grudou nele?

O ÍMÃ só atrai objetos que contenham ferro, níquel ou cobalto (objetos FERROMAGNÉTICOS). Objetos feitos de plástico, papel e madeira não são atraídos.

Os ímãs atraem esses materiais graças a uma força invisível chamada FORÇA MAGNÉTICA.

A FORÇA MAGNÉTICA aumenta se você se aproximar do objeto e diminui se você se afastar dele. Ela também pode passar por diferentes materiais, como papel, plástico e água.

MUTANTES MAGNÉTICOS

Magneto é um personagem da Marvel Comics. Ele é um mutante capaz de gerar e controlar a FORÇA MAGNÉTICA e, portanto, pode manipular metais.

ATRAÍDO E NÃO ATRAÍDO

VOCÊ VAI PRECISAR DE:
- uma folha de cartolina colorida
- uma embalagem de alumínio
- uma garrafa plástica
- três clipes de papel
- um ímã
- água
- uma tigela grande
- tesoura

COMO FAZER

DIFICULDADE: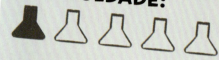

SUJIDADE:

TEMPO: 10–15 minutos

FAÇA COM:

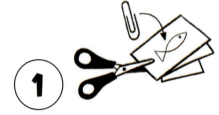

1 Recorte um peixinho na cartolina, na embalagem de alumínio e na garrafa plástica. Depois, prenda um clipe em cada um.

2 Recorte um segundo peixinho de cada material.

3  Encha a tigela com água e coloque todos os peixinhos dentro.

4 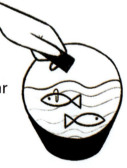 Usando o ímã, tente movimentar o peixe.

O QUE ACONTECE

O ímã atrai apenas os peixes de plástico, alumínio e cartolina que estão com o clipe porque o clipe tem ferro. Mas ele não atrai os outros. A força magnética também passa pela tigela e pela água.

AERONAVES

VOCÊ VAI PRECISAR DE:
- uma folha de cartolina colorida
- um clipe de papel
- um ímã
- fita adesiva
- um pedaço de barbante – 20-30 cm de comprimento

COMO FAZER

1. Recorte uma nave espacial na cartolina.

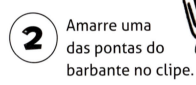

2. Amarre uma das pontas do barbante no clipe.

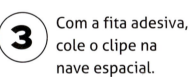

3. Com a fita adesiva, cole o clipe na nave espacial.

4. Cole a outra ponta do barbante em uma mesa.

5. Use o ímã para fazer a nave espacial voar, sem tocar no clipe.

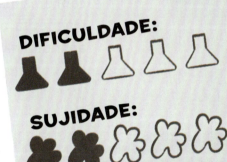

DIFICULDADE: ■ ■ □ □ □

SUJIDADE: ✦ ✦ ✧ ✧ ✧

TEMPO: 10–15 minutos

FAÇA COM: + 👧👦

O QUE ACONTECE

A força magnética puxa o clipe para cima. Se você afastar o ímã do clipe, a força magnética diminui e a nave espacial cai.

NATURALMENTE MAGNÉTICO

O **ímã** é feito de um mineral especial chamado magnetita. Os gregos o descobriram há mais de 2 mil anos e seu nome vem da Turquia, da cidade onde foi descoberto, Magnesia, que atualmente se chama Manisa.

O ferro, como todos os metais, tem muitas áreas **magnéticas** chamadas DOMÍNIOS, isto é, **regiões** com uma magnetização uniforme. Entretanto, na magnetita, essas regiões são enfileiradas e todas apontam na mesma direção.

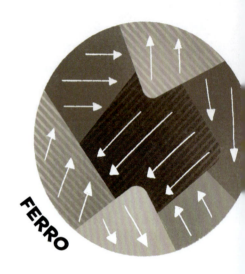

EM ALINHAMENTO!
A magnetita pode transferir seu poder para alguns metais, mas não para outros. Quando colocamos um ímã perto de um objeto FERROMAGNÉTICO, seus DOMÍNIOS se alinham e o objeto se torna um ímã também.

VAMOS MAGNETIZÁ-LOS!

COMO FAZER

VOCÊ VAI PRECISAR DE:
- um ímã
- um prego
- uma agulha

1 Com movimentos circulares, esfregue o prego sobre uma das extremidades do ímã várias vezes.

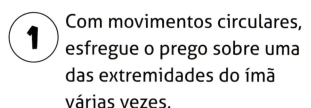

2 Coloque o prego perto da agulha e veja o que acontece.

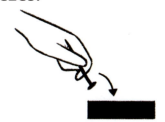

DIFICULDADE:

SUJIDADE:

TEMPO: 10–15 minutos

FAÇA COM:

O QUE ACONTECE

Ao esfregar o prego no ímã, ele fica magnetizado, fazendo com que seus domínios magnéticos se reorientem. O prego, que momentaneamente se transforma em um ímã, agora pode atrair outros objetos que contenham ferro, como a agulha.

ACIONAMENTO MAGNÉTICO (OS POLOS DE UM ÍMÃ)

Todos os ímãs têm dois polos, chamados de **polo norte** e **polo sul**.

Enquanto um ímã é sempre atraído por objetos FERROMAGNÉTICOS, independentemente de sua orientação, dois ímãs só se atraem se seus polos opostos estiverem voltados um para o outro.

Se pusermos o polo norte de um ímã perto do polo sul do outro, eles vão se atrair. Já se colocarmos dois polos norte ou dois polos sul juntos, os dois ímãs irão se repelir.

DIFICULDADE:

SUJIDADE:

TEMPO: 20 minutos

FAÇA COM:

COMO FAZER

VOCÊ VAI PRECISAR DE:
- um carrinho de brinquedo
- dois ímãs
- fita adesiva
- dois pedaços de papel vermelho
- dois pedaços de papel azul

1 Posicione os dois ímãs para que fiquem juntos. Nas duas extremidades que se tocam, use a fita adesiva para colar um pedaço de papel vermelho em um deles e um pedaço de papel azul no outro.

2 Faça a mesma coisa nas outras extremidades, de forma que cada ímã fique com uma extremidade vermelha e a outra extremidade azul.

142

3 Prenda um dos ímãs no teto do carrinho com a fita adesiva.

4 Segure o outro ímã perto do carrinho, primeiro em uma extremidade e depois na outra. Veja o que acontece!

O QUE ACONTECE
As forças magnéticas de atração e repulsão entre os dois ímãs fazem o carrinho se mover.

MÃOS À OBRA

Faça seu carrinho com material reciclado! Você vai precisar de 1 garrafa plástica, 1 canudo, 2 espetos de madeira, 4 tampinhas de garrafa do mesmo tamanho, fita adesiva e 1 furador.

1. Corte o canudo em duas partes iguais.
2. Cole os dois pedaços de canudo no mesmo lado da garrafa: um perto do gargalo e outro perto da base.
3. Corte os espetos de madeira com 10 cm de comprimento e insira-os nos canudos.
4. Com a ajuda de um adulto, faça um furo no centro de cada tampinha de garrafa com o furador e depois deslize-as sobre os espetos.

SEU CARRINHO ESTÁ PRONTO!

VIVEMOS EM UM ÍMÃ GIGANTESCO

O CAMPO MAGNÉTICO é invisível e existe ao redor de um **ímã**.

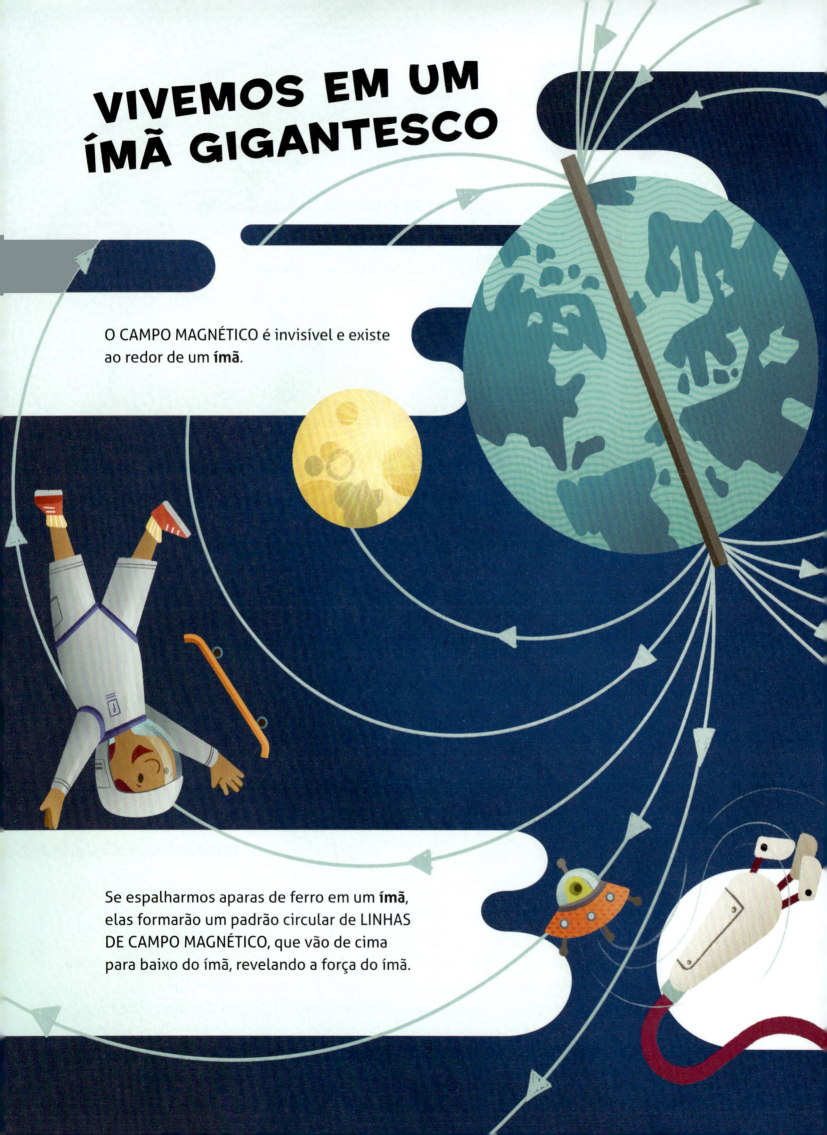

Se espalharmos aparas de ferro em um **ímã**, elas formarão um padrão circular de LINHAS DE CAMPO MAGNÉTICO, que vão de cima para baixo do ímã, revelando a força do ímã.

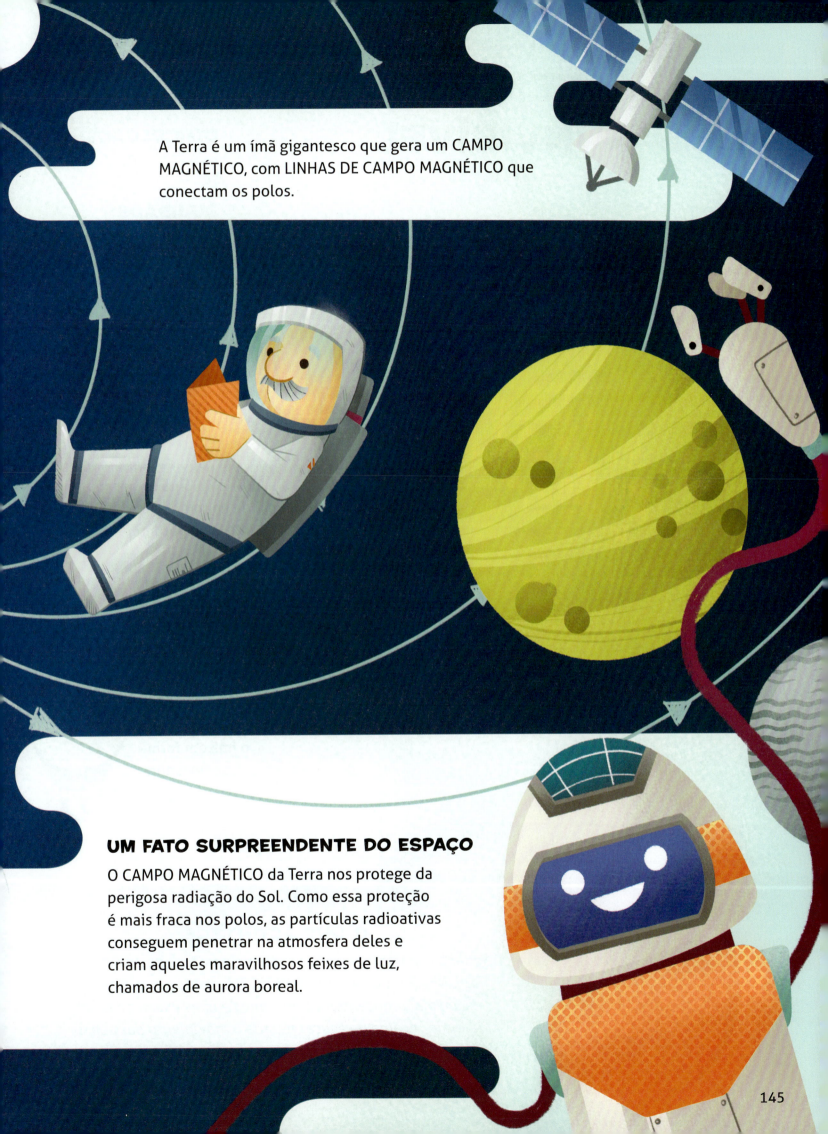

A Terra é um ímã gigantesco que gera um CAMPO MAGNÉTICO, com LINHAS DE CAMPO MAGNÉTICO que conectam os polos.

UM FATO SURPREENDENTE DO ESPAÇO

O CAMPO MAGNÉTICO da Terra nos protege da perigosa radiação do Sol. Como essa proteção é mais fraca nos polos, as partículas radioativas conseguem penetrar na atmosfera deles e criam aqueles maravilhosos feixes de luz, chamados de aurora boreal.

VENDO O INVISÍVEL

DIFICULDADE:
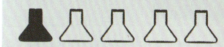

SUJIDADE:

TEMPO: 10 minutos

FAÇA COM:

VOCÊ VAI PRECISAR DE:
- calda de açúcar
- aparas de ferro
- 1 colher de sopa
- 1 recipiente transparente
- um ímã
- um ímã em forma de ferradura

COMO FAZER

1 Misture um copo da calda de açúcar com uma colher (sopa) de aparas de ferro no recipiente transparente.

2 Coloque o ímã embaixo do recipiente de várias maneiras e veja o que acontece.

3 Agora tente fazer a mesma coisa com o ímã em forma de ferradura.

O QUE ACONTECE

Todas as aparas de ferro, atraídas pelo ímã, se deslocam para as LINHAS DE CAMPO MAGNÉTICO do campo magnético: e ficam mais concentradas nos polos e mais espalhadas nas laterais. A calda de açúcar retarda o movimento das aparas para que você possa observar melhor o fenômeno.

APRENDA A USAR UMA BÚSSOLA

COMO FAZER

VOCÊ VAI PRECISAR DE:
- 1 bússola
- 1 mapa da sua cidade

1
Ao ar livre, coloque a bússola no chão e veja onde ela indica o Norte.

2
Agora, posicione o mapa de forma que o Norte esteja voltado para o Norte da bússola.

3
Olhe para as ruas à sua volta e depois para as ruas do mapa.

DIFICULDADE: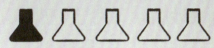

SUJIDADE:

TEMPO: 20 minutos

FAÇA COM:

O QUE ACONTECE

Observe como as ruas no mapa correspondem exatamente às que você está vendo.

VOCÊ SABIA...

Que os antigos romanos construíram cidades orientando as estradas com os pontos cardeais. Os dois eixos principais eram o **CARDO** (estradas com orientação norte-sul) e o **DECÚMANO** (estradas com orientação leste-oeste).

147

ORIENTE-SE COM UMA BÚSSOLA

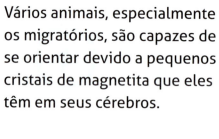

EU SEI QUE CAMINHO SEGUIR!

Vários animais, especialmente os migratórios, são capazes de se orientar devido a pequenos cristais de magnetita que eles têm em seus cérebros.

O pisco-americano, por exemplo, voa quilômetros e quilômetros para voltar ao mesmo lugar todo inverno. As tartarugas marinhas voltam muito tempo depois para a mesma praia em que nasceram após terem atravessado o oceano várias vezes.

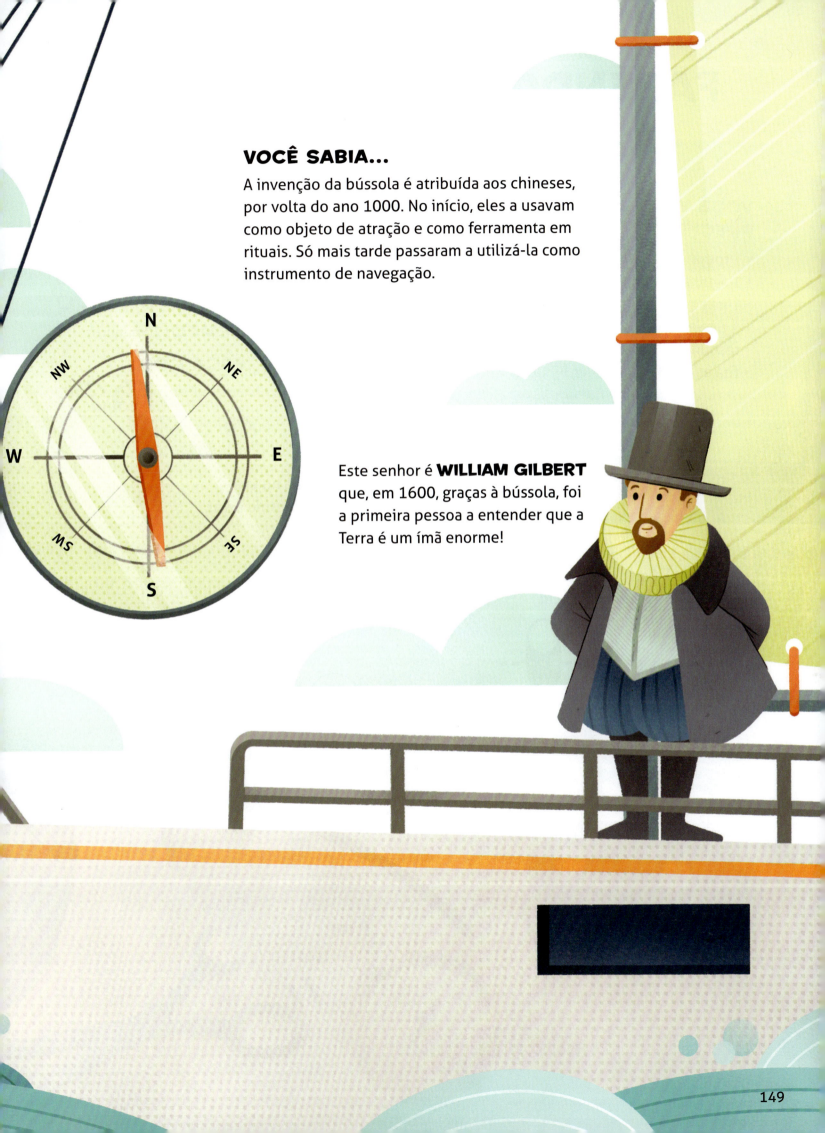

VOCÊ SABIA...

A invenção da bússola é atribuída aos chineses, por volta do ano 1000. No início, eles a usavam como objeto de atração e como ferramenta em rituais. Só mais tarde passaram a utilizá-la como instrumento de navegação.

Este senhor é **WILLIAM GILBERT** que, em 1600, graças à bússola, foi a primeira pessoa a entender que a Terra é um ímã enorme!

FAZENDO UMA BÚSSOLA

VOCÊ VAI PRECISAR DE:
- 1 rolha
- 1 agulha
- 1 ímã
- 1 tigela de água
- tesoura e uma faca
- fita adesiva

COMO FAZER

DIFICULDADE:

SUJIDADE:

TEMPO: 20 minutos

FAÇA COM:

1 Esfregue a agulha no ímã várias vezes no mesmo lugar.

2 Corte um pedaço de rolha com 0,5 cm de largura.

3 Prenda a agulha no pedaço de rolha com a fita adesiva.

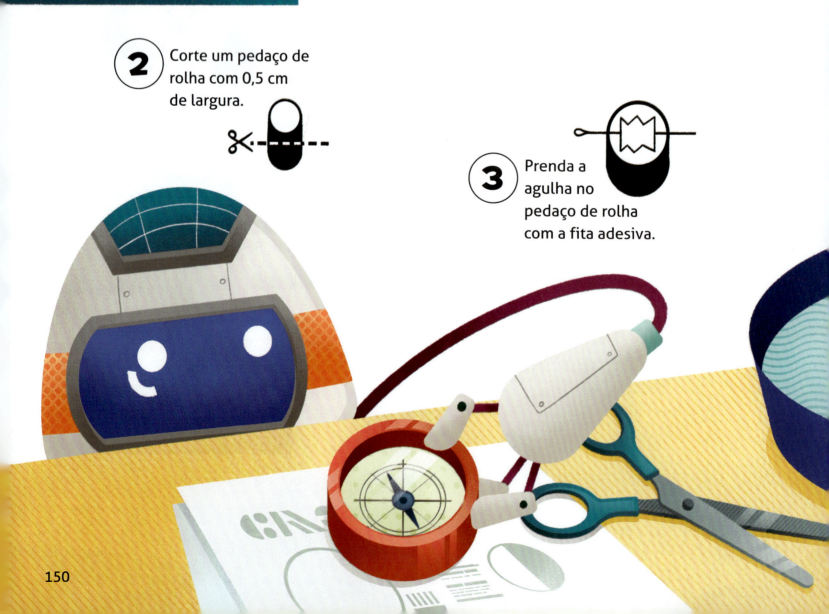

VOCÊ SABIA...

Antes da invenção da bússola, os marinheiros se orientavam pelas estrelas, mas isso só funcionava quando as condições climáticas permitiam. Atualmente, temos ferramentas mais precisas e sofisticadas: sistemas de navegação por satélite, como o GPS (**Global Positioning System** ou, em tradução literal, ***Sistema de Posicionamento Global***).

④ Encha a tigela com água.

⑤ Ponha a rolha com a agulha na água.

⑥ Observe como a agulha gira antes de se alinhar com o campo magnético da Terra.

O QUE ACONTECE

Ao esfregar a agulha no ímã, você a magnetiza. Essa agulha imantada, que está livre para se movimentar na água, gira para se orientar de acordo com o campo magnético da Terra, alinhando-se ao eixo Norte-Sul.

USE A FORÇA, LÉO

A palavra "eletricidade" deriva da palavra grega *elektron*, que significa **âmbar**. Quando esfregado com um pano, o âmbar atrai coisas leves, como penas, pedaços de palha e linha. Esse fenômeno é conhecido como **atração** ELETROSTÁTICA. Existem outros materiais que podem ser **eletrificados** por fricção, como vidro, borracha e metais.

A FORÇA ELETROSTÁTICA pode ser tanto atrativa (atrai objetos) quanto repulsiva (repele objetos).

Existem dois tipos de CARGAS ELÉTRICAS: positiva e negativa. Cargas iguais se repelem, enquanto cargas opostas se atraem.

ÂMBAR

Normalmente, os objetos são neutros, isto é, contêm a mesma quantidade de partículas positivas e negativas. Entretanto, quando esfregadas, elas são eletrificadas, tornando-se carregadas positiva ou negativamente.

VOCÊ VAI PRECISAR DE:
- 1 balão
- seu cabelo (!)
- 1 torneira

COMO FAZER

DIFICULDADE:

SUJIDADE:

TEMPO: 3 minutos

FAÇA COM:

1. Encha o balão e dê um nó na ponta.

2. Esfregue o balão no seu cabelo limpo.

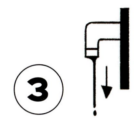

3. Abra a torneira, deixando a água fluir.

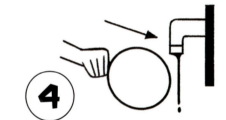

4. Ponha o balão perto do fluxo de água e veja o que acontece.

O QUE ACONTECE

Ao esfregar o balão no seu cabelo, ele fica eletricamente carregado. Quando você coloca o balão carregado perto da água, ela reorienta suas cargas e experimenta a atração ELETROSTÁTICA, e o fluxo de água é desviado.

CAPTURANDO RAIOS

O **raio** é uma violenta descarga elétrica formada entre as nuvens e a superfície da Terra, ou entre duas nuvens próximas quando grandes quantidades de CARGAS opostas se acumulam.

Os cientistas já tentaram capturar a energia do raio, mas não tiveram sorte, porque a energia dos raios é muito potente e muito concentrada, e não se sabe exatamente quando e onde ele vai bater.

Só Marty e Doc, do filme De Volta para o Futuro, realmente conseguiram capturar um raio, mas isso é outra história!

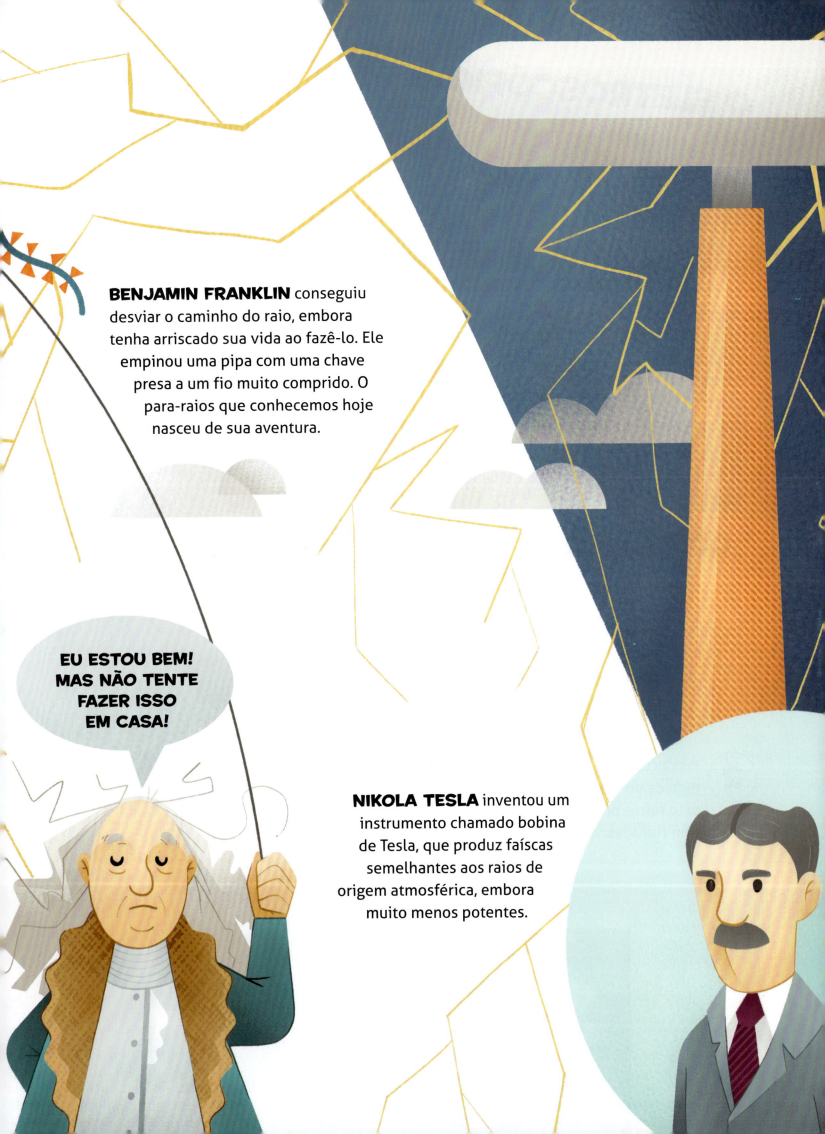

O ELETROSCÓPIO

DIFICULDADE:

SUJIDADE:

TEMPO: 30 minutos

FAÇA COM:

VOCÊ VAI PRECISAR DE:
- 1 pote de vidro com pelo menos 15 cm de altura, com tampa de plástico
- 12 cm de arame rígido
- 1 bola de papel alumínio
- 2 tiras de papel alumínio, de 4 x 1,5 cm
- 1 tachinha
- 1 bastão de plástico
- 1 pedaço de tecido de lã
- fita adesiva

COMO FAZER

1 Faça um furo na tampa com a tachinha.

2 Insira cerca de metade do arame pelo furo e prenda-o com fita adesiva.

156

③ Deslize a bola de papel alumínio na extremidade do arame que ficou do lado de fora do pote.

⑥ Segure o bastão de plástico perto da bola de papel alumínio e veja o que acontece.

④ Faça uma dobra na outra extremidade do fio, formando um pequeno gancho e prenda nele as tiras de papel alumínio.

⑦ Agora esfregue o bastão de plástico no pedaço de lã, segure-o perto da bola de papel alumínio e veja o que acontece.

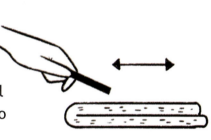

⑤ Tampe o pote. Seu eletroscópio está pronto!

O QUE ACONTECE

Quando você esfrega o bastão de plástico na lã, ele fica eletrificado. E, quando é colocado perto do eletroscópio, transmite a carga para as tiras de papel alumínio, que se repelem e se afastam uma da outra porque elas têm cargas iguais.

ERA UMA VEZ...

As baterias são dispositivos que produzem eletricidade através de uma reação química espontânea que ocorre entre as substâncias que existem dentro delas.

ALESSANDRO VOLTA

A primeira bateria elétrica, a precursora das baterias modernas, foi inventada por **ALESSANDRO VOLTA** lá pelo ano de 1800.

A bateria de Volta era composta por discos de zinco e cobre empilhados, separados por pedaços de feltro embebidos em uma solução ácida.

FATO CURIOSO

O carro elétrico, que só se popularizou recentemente, embora tenha sido criado em meados de 1800, usa baterias recarregáveis no lugar de combustível para alimentar seu motor.

...A BATERIA

VOCÊ VAI PRECISAR DE:
- 8 moedas
- 1 folha de papel
- 1 folha de papel alumínio
- tesoura
- 1 copo
- 1 limão
- 1 colher de chá
- uma pequena lâmpada de LED

COMO FAZER

1 Com uma moeda, desenhe 8 discos de papel e 8 discos de papel alumínio e recorte todos eles.

2 Molhe os discos de papel com algumas gotas de limão.

3 Empilhe os discos nesta ordem: moeda, papel molhado com limão e papel alumínio, e repita esse padrão.

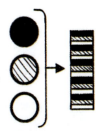

4 Prenda a lâmpada de LED nas duas extremidades da bateria.

DIFICULDADE:

SUJIDADE:

TEMPO: 30 minutes

FAÇA COM:

ATENÇÃO!
Tente não deixar o suco de limão dos discos de papel escorrer pela bateria, pois isso pode criar um curto-circuito e a luz de LED não acenderá!

O QUE ACONTECE
Graças à solução ácida entre o zinco e o cobre, os elétrons passam pela bateria. Quanto mais conjuntos dos três discos empilhados, mais potente será a bateria.

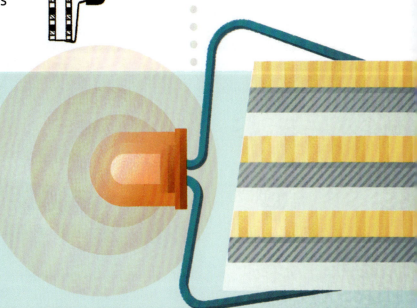

A ELETRICIDADE...

O termo "corrente" vem da palavra latina *currens*, que significa "correr". Ela é usada para indicar o fluxo de elétrons que se movem de uma área para outra, acelerado por um desequilíbrio de carga chamado DIFERENÇA DE POTENCIAL. Isso é medido em volts, em homenagem a **ALESSANDRO VOLTA**.

V
VOLT

...NO DIA A DIA

Atualmente, os sistemas elétricos em nossas casas usam a **corrente alternada** (CA), projetada por **NIKOLA TESLA**. É melhor e mais prática que a **corrente contínua** (DC) impulsionada por **THOMAS EDISON**, que hoje utilizamos quase exclusivamente para baterias.

VAMOS CONSTRUIR UM CIRCUITO

Um CIRCUITO ELÉTRICO é um caminho ininterrupto através do qual os elétrons podem fluir.

O mais simples dos circuitos é feito de:

- Um **gerador** ou **bateria**, isto é, um dispositivo que converte outras fontes de energia em eletricidade.
- Um **dispositivo elétrico**. Por exemplo, uma lâmpada, um ventilador ou um ferro.
- **Fios condutores** que conectam todos os elementos do circuito, permitindo que a corrente flua facilmente por ele.

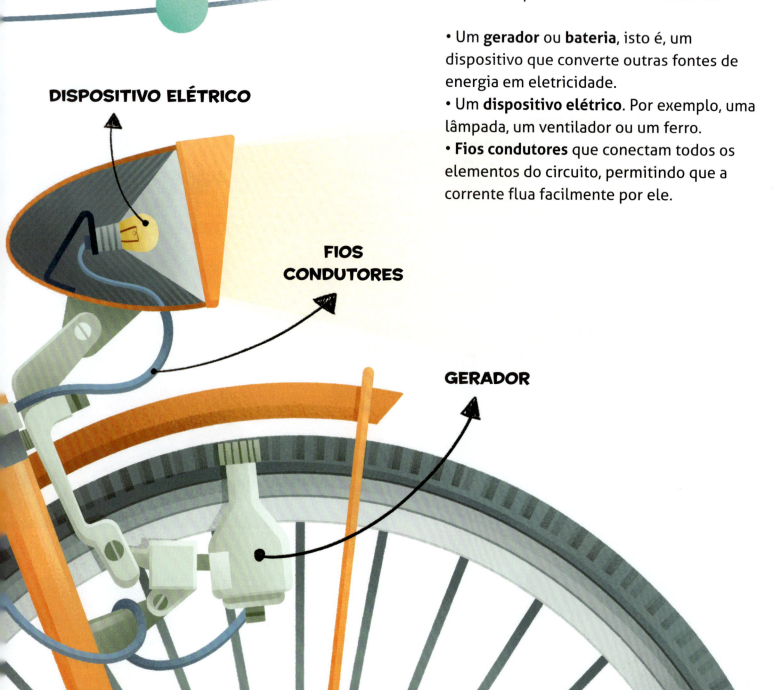

VOCÊ VAI PRECISAR DE:

- 1 fio elétrico desencapado
- 1 bateria de 4,5 volts
- 1 lâmpada de 4,5 volts
- 1 soquete
- tesoura

COMO FAZER

1 Corte dois pedaços de fio com 20 cm cada um.

2 Conecte uma ponta de cada fio a um polo da bateria, tomando cuidado para não deixar que as duas se toquem.

3 Ponha a lâmpada no soquete e conecte as duas pontas livres no soquete.

4 Veja o que acontece.

DIFICULDADE:

SUJIDADE:

TEMPO: 30 minutos

FAÇA COM:

O QUE ACONTECE

Nós construímos um CIRCUITO ELÉTRICO. A bateria é o gerador, a lâmpada é o dispositivo elétrico e os fios são a conexão que faz fluir a CORRENTE ELÉTRICA. Graças a esse fluxo de corrente elétrica, a lâmpada acende!

CONDUTORES E ISOLANTES

Nem todos os materiais permitem que a corrente elétrica passe através deles. Alguns têm alta mobilidade de elétrons, outros não.

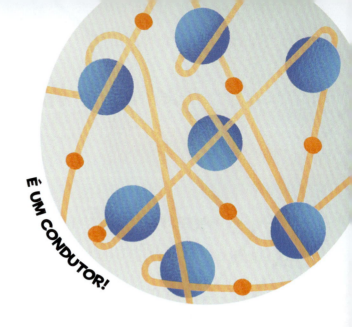

É UM CONDUTOR!

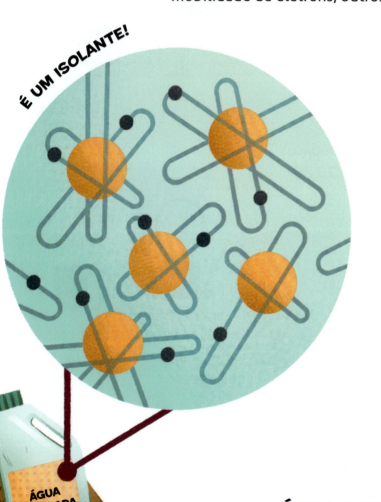

É UM ISOLANTE!

Metais como ferro, cobre e alumínio são CONDUTORES que permitem que a CORRENTE ELÉTRICA passe através deles.

Entretanto, outros materiais, como madeira, vidro e plástico não permitem que a CORRENTE ELÉTRICA passe através deles. Esses materiais são chamados de ISOLANTES.

ÁGUA CONDUZ OU NÃO A ELETRICIDADE?

A água da torneira, a água da chuva, a água do mar e a água dos rios contêm substâncias dissolvidas que permitem que elas se tornem boas CONDUTORAS. Mas... cuidado! A água destilada, que também é chamada de água pura, não contém substâncias dissolvidas e, por isso, não conduz CORRENTE ELÉTRICA.

ELE CONDUZ!

VOCÊ FEZ O EXPERIMENTO ANTERIOR?

VOCÊ VAI PRECISAR DE:
- o circuito elétrico que você fez anteriormente
- peças ou objetos feitos de diferentes materiais, como madeira (pregador de roupa), plástico (tampa da caneta), tecido (ou fio de lã), papel, alumínio, ferro (prego), borracha, elástico, fio de cobre
- papel e lápis

DIFICULDADE:

SUJIDADE:

TEMPO: 30 minutos

FAÇA COM:

COMO FAZER

1. Corte um dos fios elétricos ao meio.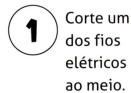

2. Insira um dos objetos que você escolheu entre as duas extremidades do fio cortado. Certifique-se de que os fios estejam tocando totalmente o objeto.

3. Agora tente os outros materiais, um por vez.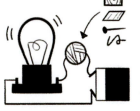

4. Anote os materiais que acenderam a lâmpada.

O QUE ACONTECE

A lâmpada acende com alguns materiais, como alumínio, cobre e ferro, por serem bons condutores. Mas não acende com outros, como papel, plástico ou borracha, porque esses são materiais isolantes.

165

CIRCUITOS FLEXÍVEIS

DIFICULDADE: 🧪🧪🧪🧪🝩

SUJIDADE: ✹✹✹✹✹

TEMPO: 1 hora

FAÇA COM: + 👩👨

VOCÊ VAI PRECISAR DE:

- massa condutora (ver receita)
- massa não condutora (ver receita)
- 1 pequena lâmpada de LED
- 2 fios elétricos desencapados
- 1 bateria de 4,5 volts
- fita adesiva

RECEITA DA MASSA CONDUTORA

200 ml de água (4/5 de xícara)
210 g de farinha de trigo (2 xícaras)
6 colheres (sopa) de sal (90 g)
130 ml de suco de limão (3/5 de xícara)
1 colher (sopa) de óleo vegetal
1 colher (sopa) de corante alimentício em pó

Em uma panela, coloque a água, 160 g de farinha de trigo, o sal, o suco de limão e o óleo. Misture bem e cozinhe em fogo brando até obter uma bola de massa de modelar. Deixe esfriar em uma assadeira. Depois, coloque o restante da farinha e o corante alimentício na massa e amasse bastante. Sua massa condutora está pronta.

RECEITA DA MASSA NÃO CONDUTORA

80 g de açúcar (2/5 de xícara)
140 g de farinha de trigo (1 ½ xícara)
Cerca de 200 ml de água destilada (4/5 de xícara)
3 colheres (sopa) de óleo vegetal

Coloque metade da farinha de trigo, todo o açúcar e o óleo em uma tigela e misture bem. Junte uma colher (chá) de água destilada de cada vez, seguida do restante da farinha e depois sove bem a massa. Está prontinha!

Você pode guardar ambas as massas embrulhadas em filme plástico em um recipiente hermeticamente fechado por várias semanas.

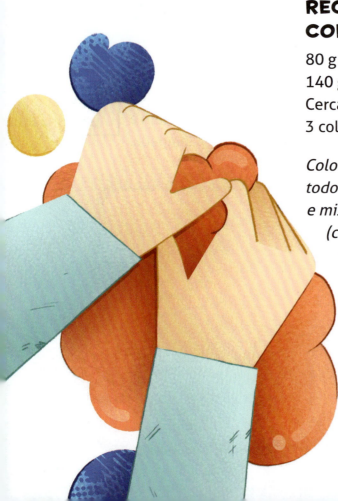

1 Prepare as duas massas de acordo com as receitas.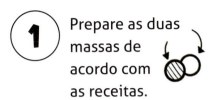

2 Com a massa condutora, faça dois rolos. Eles serão seus condutores, mas não deixe que os dois se toquem.

3 Prenda uma extremidade de cada fio a um dos polos da bateria e fixe-os com fita adesiva.

4 Insira as outras duas extremidades nos rolos de massa condutora.

5 Insira as pontas da lâmpada de LED nos rolos de massa, certificando-se de que a perna mais longa esteja no rolo conectado ao polo positivo da bateria. A lâmpada de LED vai acender!

6 Toque rapidamente os rolinhos com um novo pedaço de massa e retire-o. O que aconteceu?

7 Agora coloque um pedaço de massa não condutora entre os dois rolos. O que acontece?

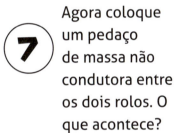

O QUE ACONTECE

Se você deixar os dois rolos de massa condutora se tocarem, criará um curto-circuito. A corrente escolhe o caminho mais curto e passa pelo ponto de contato sem passar pela lâmpada de LED que, por isso, não acende. Se você puser um pedaço de massa não condutora entre os dois rolos de massa condutora, ele atuará como isolante e permitirá que a corrente elétrica passe pela lâmpada de LED, que se acenderá. Depois de terminar seu circuito, você poderá brincar com a massa condutora restante, deixando que sua imaginação corra solta e crie muitas formas divertidas.

O ADVENTO DO ELETROMAGNETISMO

AMPÈRE E ØRSTED

Até o início do século XIX, acreditava-se que magnetismo e eletricidade eram dois fenômenos totalmente diferentes. Os cientistas Ampère e Ørsted foram os primeiros a imaginar que essas duas forças estavam intimamente ligadas. Eles demonstraram que um CAMPO ELÉTRICO pode gerar um CAMPO MAGNÉTICO e, na mesma época, Faraday demonstrou que um CAMPO MAGNÉTICO também pode gerar um CAMPO ELÉTRICO.

Esses estudos foram o ponto de partida de uma inimaginável revolução tecnológica – o ELETROMAGNETISMO – que levou a uma incrível série de invenções.

Como em qualquer grande tecnologia ou revolução científica, as invenções não apareceram repentinamente. Elas foram o resultado das contribuições e colaborações de vários cientistas, como Samuel Morse, Thomas Edison, Nikola Tesla, Guglielmo Marconi, e muitos outros.

UM CELULAR E UMA BÚSSOLA

DIFICULDADE:

SUJIDADE:

TEMPO: 20 minutos

FAÇA COM + 👩🧑

VOCÊ VAI PRECISAR DE:
- uma bússola
- um telefone celular

COMO FAZER

1 Passe o telefone celular sobre a bússola e veja com atenção o que acontece.

O QUE ACONTECE

O telefone celular usa a eletricidade de sua bateria. A corrente elétrica gera um campo magnético que pode ser detectado pela agulha da bússola em movimento.

UM ÍMÃ E UMA BOBINA

DIFICULDADE:

SUJIDADE:

TEMPO: 20 minutos

FAÇA COM

VOCÊ VAI PRECISAR DE:
- 1 testador
- 1 ímã em barra
- 1 fio de cobre revestido (fio de enrolamento) longo o bastante para dar 50 voltas ao redor do ímã
- 1 pedaço de papelão ondulado
- tesoura
- cola

COMO FAZER

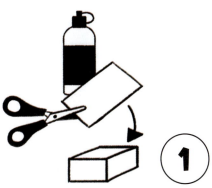

1 Usando tesoura, cola e papelão, faça um bloco um pouquinho maior que o ímã.

2 Dê 50 voltas com o fio de cobre ao redor do bloco de papelão formando uma bobina.

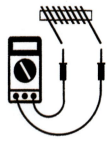

3 Prenda a ponta do fio de cobre ao testador.

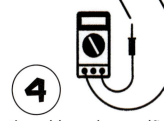

4 Retire o bloco de papelão da bobina e coloque um ímã em seu lugar.

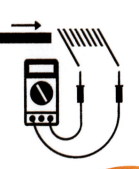

5 Movimente o ímã para trás e para frente dentro da bobina e veja o que acontece.

O QUE ACONTECE

A agulha do testador se movimenta, indicando que há um fluxo de corrente elétrica. Essa corrente é gerada pelo movimento do ímã dentro da bobina.

UM MOTOR ELÉTRICO SIMPLES

Aparelhos como liquidificadores, máquinas de lavar roupa, lava-louças e secadores de cabelo, mas também carros e meios de transporte público, usam um motor elétrico para transformar a **energia elétrica** em **energia mecânica**.

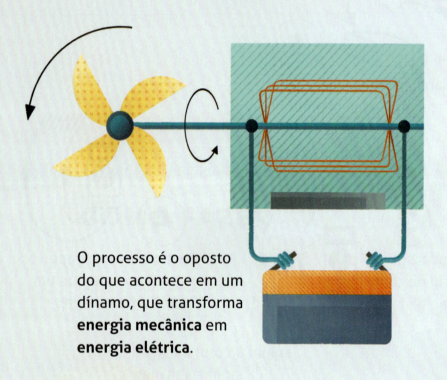

O processo é o oposto do que acontece em um dínamo, que transforma **energia mecânica** em **energia elétrica**.

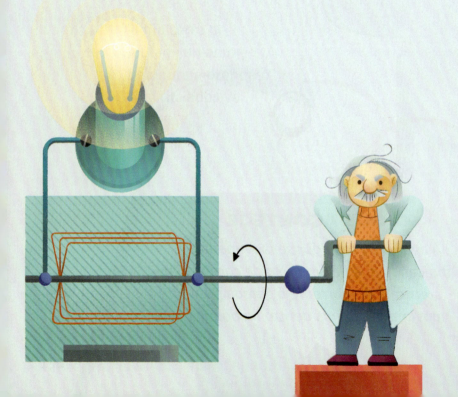

VOCÊ VAI PRECISAR DE:
- 1 ímã botão
- 1 pedaço de isopor com 10 x 10 cm
- 2 clipes de papel grandes
- 1 m de fio de cobre revestido (fio de enrolamento esmaltado)
- 2 pedaços de 10 cm de fio elétrico desencapado
- 1 bateria de 1,5 volt
- tesoura
- fita adesiva

COMO FAZER

1 Prenda o ímã no centro do isopor com fita adesiva.

2 Enrole o fio de cobre revestido em volta de si mesmo, de modo a fazer um anel com várias voltas.

3

Deixe 5 cm de fio livre em cada extremidade.

DIFICULDADE:

SUJIDADE:

TEMPO: 20 minutos

FAÇA COM

4 Arrume as pontas do fio e retire o revestimento na parte superior do fio com uma tesoura.

ATENÇÃO!
Este experimento pode provocar o aquecimento tanto da bobina quanto da bateria.

5 Faça os suportes para a bobina abrindo os 2 clipes, formando uma letra *P*.

6 Insira os suportes no isopor, um à esquerda do ímã e outro à direita.

O QUE ACONTECE

A bobina começa a girar porque parte das extremidades do fio de cobre é condutora e parte é isolante. Isso significa que há um fluxo alternado de corrente e, consequentemente, ele produzirá um campo magnético intermitente que interage com o ímã oculto.

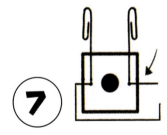

7 Conecte os dois fios elétricos à parte inferior dos clipes.

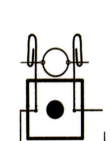

8 Insira as pontas da bobina nos anéis dos suportes para que, assim, a bobina gire livremente.

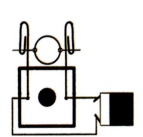

9 Prenda as extremidades livres do fio elétrico à bateria com fita adesiva e empurre a bobina para que ela comece a girar.

173

NÃO TOQUE

O objetivo deste experimento é não tocar o laço no fio, para evitar que o circuito se feche.

COMO FAZER

DIFICULDADE:
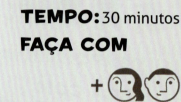

SUJIDADE:

TEMPO: 30 minutos

FAÇA COM

VOCÊ VAI PRECISAR DE:

- cartolina
- isopor
- cola quente
- fita adesiva e fita dupla face
- ímã botão com 6 mm de diâmetro e 3 mm de altura
- ímã em barra com 5 cm
- 1,5 metro de fio de ferro com 2 mm de diâmetro
- fio elétrico desencapado
- campainha
- bateria de 4,5 volts
- espeto de madeira
- lápis
- o tubo plástico de uma caneta esferográfica
- clipe com 2 cm de diâmetro transformado em gancho

1 Recorte dois retângulos de 20 x 40 cm na cartolina e no isopor. Una-os com a fita dupla face.

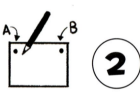

2 Desenhe dois círculos na cartolina e marque os pontos A e B.

3 Insira o fio no ponto B, furando tanto o papelão quanto o isopor e prenda-o no lugar com a cola quente.

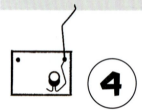

4 Conecte o fio preto da campainha ao fio de ferro no ponto B.

5 Dobre o fio de ferro criando várias curvas.

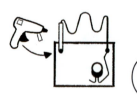

6 Insira a ponta do fio de ferro no tubo da caneta esferográfica. Depois, insira o tubo com o fio no ponto A, furando o papelão e o isopor, e fixe-o no lugar com a cola quente.

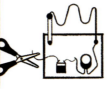

9 Corte 60 cm de fio elétrico desencapado e conecte-o ao polo negativo da bateria.

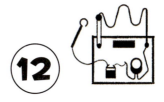

12 Use a cola quente para colar a barra magnética por baixo de uma das curvas do fio de ferro, a 1 cm de distância. Você pode aumentar o ímã colando alguns pedaços de papelão sob ele.

7 Prenda o ímã onde você preferir ao longo do fio de ferro.

10 Com a fita adesiva, cole o fio elétrico no espeto de madeira.

13 Coloque o gancho no tubo da caneta esferográfica e feche-o, mantendo um diâmetro de 2 cm. Agora você pode começar a brincar!

8 Conecte o fio vermelho da campainha ao polo positivo da bateria.

11 Prenda o clipe em forma de gancho ao fio elétrico na ponta inferior do espeto com a fita adesiva.

Você pode usar uma lâmpada pequena em vez de uma campainha.

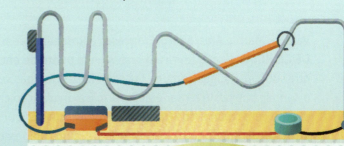

O QUE ACONTECE

Quando o laço toca o fio de ferro, o circuito se fecha, permitindo que as cargas elétricas passem e a campainha toque. Para complicar ainda mais, os dois ímãs atraem o laço.

OS AUTORES

VALERIA BARATTINI
Valeria é mestre em Economia e Gestão de Artes e Atividades Culturais pela Universidade de Ca' Foscari, em Veneza, e em Normas para Educação em Museus pela Universidade Roma Tre. Atua na área de educação e planejamento cultural. Desde 2015, trabalha em parceria com a Fosforo, o festival de ciências em Senigallia (Itália), realizando eventos e atividades na área da divulgação científica e do ensino informal.

MATTIA CRIVELLINI
Pós-graduado em Ciência da Computação pela Universidade de Bolonha, Mattia vem estudando Ciências Cognitivas na Universidade de Indiana, EUA. Desde 2011, é diretor da Fosforo. Ele organiza e planeja atividades, conferências e shows de comunicação e divulgação da ciência na Itália e no exterior através da Associação Cultural NEXT.

ALESSANDRO GNUCCI
Um comunicador de ciência e tutor, com mais de quinze anos de experiência. Em 2011, fundou a Fosforo, e em 2014, a Associação Cultural NEXT. Ele projeta eventos de divulgação científica e organiza mostras junto com seus colegas da Associação PSIQUADRO.

FRANCESCA GORINI
Após concluir o mestrado em Biotecnologia Industrial pela Universidade de Urbino "Carlo Bo" e estagiar em Cambridge (Reino Unido), Francesca obteve um PhD em Medicina Molecular na Universidade Vita-Salute San Raffaele, em Milão. Ela tem se dedicado à pesquisas em diversos laboratórios e à gestão de estudos clínicos em hospitais. Dá aulas em escolas e colabora com a Fosforo na divulgação científica.

ROSSELLA TRIONFETTI
Depois de se formar em Artes Aplicadas, Rossella especializou-se na área de ilustração e design gráfico, participando de vários cursos com profissionais do setor, inclusive no Mimaster de Milão. Atualmente, trabalha como ilustradora de livros infantis e também colabora na criação de aplicativos. Dá aulas em escolas e colabora com a Fosforo na divulgação científica.

Valeria, Mattia, Alessandro, Francesca e Rossella fazem parte do **FOSFORO: O FESTIVAL DE CIÊNCIAS**. É uma feira, um festival, um ponto de encontro. É uma série de eventos que subjuga o lugar-comum, faz com que as pessoas se apaixonem pela ciência e estimula o sonhar, pensar, inventar e descobrir. É a divulgação científica em sua essência. Um evento com convidados nacionais e internacionais que, desde 2011, animam Senigallia, na Itália, durante quatro dias do mês de maio. Tudo isso é feito através de surpreendentes exposições, laboratórios e congressos sobre os principais temas científicos.